W0220376

STARK

INTERPRETATIONSHILFE DEUTSCH

Joseph von Eichendorff

Aus dem Leben eines Taugenichts

von Friedhelm Klöhr

STARK

Bildnachweis:
Titelbild: © Christian Mischke
S. 3, 7, 70: © Deutsches Eichendorff-Museum und –Archiv, Wangen
S. 31: © Cinetext
S. 59: © Ursula Edelmann

ISBN 978-3-89449-438-4

© 2009 by Stark Verlagsgesellschaft mbH & Co. KG
neu bearbeitete Auflage
www.stark-verlag.de
1. Auflage 1999

Das Werk und alle seine Bestandteile sind urheberrechtlich geschützt. Jede vollständige oder teilweise Vervielfältigung, Verbreitung und Veröffentlichung bedarf der ausdrücklichen Genehmigung des Verlages.

Inhalt

Autor: Friedhelm Klöhr

Vorwort

Liebe Schülerin, lieber Schüler,

diese Interpretationshilfe zu Joseph von Eichendorffs Erzählung *Aus dem Leben eines Taugenichts* ermöglicht Ihnen eine umfassende Vorbereitung auf die Unterrichtslektüre, auf Klausuren und auf das Abitur.

Zunächst werden die **biografischen Hintergründe** und die **Entstehungsgeschichte** des Textes beleuchtet. Die sich anschließende **Inhaltsangabe** bündelt alle wichtigen Ereignisse und Zusammenhänge. Sie hilft so, sich schnell im Geschehen zurechtzufinden bzw. die eigenen Leseeindrücke zu überprüfen und aufzufrischen. Ausführliche Darstellungen zur Textstruktur, literarischen Form, Sprache und Erzähltechnik sowie zur Charakteristik des Helden und zu zentralen Motiven und Aspekten der Romantik vereint das Kapitel **Textanalyse und Interpretation**. Darin werden abschließend zwei Schlüsselstellen mustergültig interpretiert und es wird Schritt für Schritt dargestellt, mit welchen Verweisungstechniken romantische Sprache operiert. Abschließend erhalten Sie einen kurzen Überblick über die **Rezeptionsgeschichte** und kommentierte **Literaturhinweise**, die zur weiteren Beschäftigung mit dem Text einladen.

Ich wünsche Ihnen viel Freude bei der Lektüre von Eichendorffs *Taugenichts* und hoffe, Ihnen mit diesem Buch zahlreiche Türen aufzuschließen, die sich von alleine nicht ohne Weiteres geöffnet hätten!

Friedhelm Klöhr

Friedhelm Klöhr

Einführung

Die deutsche Literaturgeschichte bietet nur wenige Werke, anhand derer sich überschaubar und einleuchtend ganze Epochen erschließen lassen. Der *Taugenichts* reiht sich hier als exemplarisches Werk der Romantik ganz vorne ein. Doch gibt es auch jenseits der Zwänge von Lehrplänen genügend Gründe, Eichendorffs Erzählung zu lesen: Der Taugenichts erhält seinen (Schimpf-)Namen von seinem Vater, da er ihn für einen jugendlichen Bengel hält, dem die Flausen aus dem Hirn getrieben werden müssen. Er fügt sich der väterlichen Autorität nicht und zieht es vor, in die Welt zu ziehen; wir würde heute sagen: aus der Gesellschaft, die sein Elternhaus repräsentiert, auszusteigen.

Verständnislose Elternhäuser hat es zu allen Zeiten gegeben und wird es stets geben. Jugendliche, die sich gedanklich aus dem Elternhaus entfernen bzw. wie der Taugenichts hinausgeworfen werden, bewirken mit ihren Aktivitäten bisweilen die erstaunlichsten Konsequenzen. Ganze Protestbewegungen sind daraus entstanden, man denke nur an die Generation der Hippies oder der Punks oder an die ökologische Protestbewegung der 80er-Jahre. Seltsamerweise ist die Gesellschaft ein derart träges und beständiges Gebilde, dass sie ihre jugendlichen Ausreißer meist wieder einfängt und sogar integriert.

Als jugendlicher Aussteiger ist der Taugenichts aus ganz anderem Holz geschnitzt. Er besitzt tragfähige Ideale, ist nicht vom Besitzdenken besessen, und alle Versuche der Gesellschaft, sich ihn wieder einzuverleiben, scheitern, denn er erkennt als Maß aller Dinge nur Gott und sich selbst an. Nicht Vernunft und Nützlichkeitsdenken, sondern Spontaneität und Fantasie bestimmen seine Verhaltensweisen. Den Menschen sieht er mit gänzlich anderen Augen: Arbeit macht für ihn keinen Sinn, wenn sie nur dem Lebenserhalt dient. Durch die auf Nützlichkeit ausgerichtete Zivilisation haben sich die Menschen Zwänge auferlegt, durch die sie sich der Natur und sich selbst entfremden. Gegen diese Entwicklung begehrt der Taugenichts auf: Er hört und befolgt noch die Stimme seines Herzens und verfügt noch über ein hellwaches und aufnahmebereites Sinnenbewusstsein. Der junge Mann bewertet seine Umwelt nicht nach ihrem Nutzen, sondern nach ihrer Aura, d. h. ihrer Ausstrahlung und Ästhetik, und er hat sich eine Art von Religiosität erhalten, die Gott nicht nach den Maßgaben des Verstandes zu begreifen versucht, sondern von ungetrübter Gläubigkeit ist.

Wenn wir nach der Aktualität von Eichendorffs *Taugenichts* fragen, dann finden wir diese in der hier grob skizzierten Alternative zum heutigen Alltag. Wir sind in der Gefahr, in unseren Zahlen zu ertrinken. Der Wert der Natur und des Individuums wird einzig und allein nach ihrer Wirtschaftlichkeit berechnet, Menschlichkeit bleibt oft auf der Strecke. Und im Prozess der Globalisierung erscheint der Mensch einsamer, isolierter und naturferner als früher. Wachstum regiert die Welt, die Finanzmärkte boomen und doch befinden wir uns vielleicht schon längst in einem Zustand, den Paul Virilio in einem gleichlautenden Essay als „Rasenden Stillstand“ bezeichnet. Vielleicht treten wir schon längst auf der Stelle, nur dass unsere unaufhaltsame Bewegtheit die Absurdität unseres Tuns geschickt überblendet.

Mit der Mühle und seiner sich im steten Kreislauf drehenden Maschinerie hat Eichendorff bereits vor mehr als hundert Jahren ein vergleichbares Bild der Absurdität entwickelt. An seines Vaters Mühle dreht sich für den Taugenichts alles in einem sinnleeren Kreis, alles dient dem Gebot ökonomischen Wachstums. Wenn der Taugenichts der Mühle entflieht, dann nimmt er vor einer Gesellschaft Reißaus, die sich im Prozess der beginnenden Maschinisierung und Beschleunigung selbst immer fremder wird. Das sollte uns heute mehr denn je zu denken geben.

Biografie und Entstehungsgeschichte

1 Biografische Hintergründe

Joseph Karl Benedikt Freiherr von Eichendorff wird am 10. März 1788 auf Schloss Lubowitz geboren. Seine Eltern, Karoline Freiin von Kloch (1766–1822) und Adolf Theodor von Eichendorff (1756–1818) haben sieben Kinder, von denen aber nur drei, Joseph, sein älterer Bruder Willhelm (1786–1849) sowie die jüngste Schwester Louise (1804–1883), überleben. Der Vater erwirbt das Schloss Lubowitz bei Ratibor in Oberschlesien von seinem Schwiegervater und kauft außerdem noch einige Güter im Umkreis des Anwesens auf, sodass die Eichendorffs auf den ersten Blick hin als eine der wohlhabendsten Familien der Gegend gelten. Adolf ist aber kein sehr geschickter Gutsverwalter und hat sich finanziell übernommen. So entflieht er sogar im Jahr 1801 kurzfristig seinen Gläubigern. Obwohl der Schatten permanenter Finanznöte über der Familie hängt, wachsen Joseph und seine Geschwister wohlbehütet und glücklich auf. Die schulische Erziehung übernimmt zunächst ein Privatlehrer, doch die Brüder finden genügend Zeit, mit den Gleichaltrigen aus dem benachbarten Dorf Lubowitz herumzutollen. Bis in das Jahr 1813 sind die Brüder Wilhelm und Joseph unzertrennlich. Ihre Streiche und Unternehmungen hecken sie gemeinsam aus, sie drücken dieselben Schulbänke und studieren an denselben Universitäten dasselbe Fach. Nachdem sie zunächst der Theologe Bernhard Heinke als Privatlehrer unterrichtet hat, gehen die Brüder von 1801 bis zum Schulabschluss 1805 als Internatsschüler auf das katholische Matthias-Gymnasium in Breslau. Von 1805 bis 1807, also bis zur Schließung der Universität im Zuge der napoleonischen Besatzung, studieren die Eichendorffs zunächst in Halle, dann bis 1808 in Heidelberg. Die Brüder schließen ihre juristischen Studien erst nach einer zweijährigen Unterbrechung ab, während der sie als Ökonomen die väterlichen Güter verwalten helfen. Wegen der prekären finanziellen Lage der Familie beschließt man, dass beide nach ihren Examina in den österreichischen Staatsdienst eintreten sollen. Daher sind die Brüder von 1810–1813 in Wien und legen an der dortigen Universität ihre Abschlussprüfungen mit Auszeichnung ab.

Der wohl entscheidendste Umbruch im Leben Eichendorffs vollzieht sich im Jahr 1813. Joseph begeistert sich für die nationale Erhebung der Deutschen, die in Schlesien ihren Anfang nimmt. Konsequent verlässt er 1813 Wien und begibt sich nach Breslau, um dort Mitglied des Lützowschen Freikorps zu werden. Die Lützowschen Jäger sind eine Freiwilligentruppe, zu der sich vor allem Studenten und Akademiker melden. Die Studentenschaft der damaligen Zeit ist radikal politisiert und tritt vor allem auch für eine Demokratisierung der Gesellschaft ein. Während seiner Militärzeit heiratet Eichendorff am 7. April 1815 seine Verlobte Louise von Larisch. Seine Eltern sind stets gegen diese Verbindung, denn Louise ist so arm wie Joseph. Er setzt jedoch seinen Willen durch. Durch die Misswirtschaft des Vaters sind die Güter nach dessen Tod 1818 an die Gläubiger übergegangen, Schloss Lubowitz wird 1823 zwangsversteigert.

Mit dem Austritt aus der Armee im Januar und der Anstellung als Referendar im Juni beginnt ab 1816 Eichendorffs lange und wechselhafte Beamtenlaufbahn im preußischen Staatsdienst. Ihm werden wegen seiner Konfession, er ist Katholik in einem protestantischen Staat, viele Knüppel zwischen die Beine geworfen. Einen wohl noch größeren Hemmschuh stellt seine politische Vergangenheit, also seine ehemalige Mitgliedschaft bei den Lützowschen Jägern, dar. Im reaktionären preußischen Staat werden Beamte wie Eichendorff, die demokratischen Ideen aufgeschlossen gegenüberstehen und das Beamtentum reformieren wollen, sehr kritisch beobachtet und, wenn möglich, an den Rand gedrängt. Eichendorff bekleidet die unterschiedlichsten Funktionen im preußischen Staatsapparat, er wird aber gewissermaßen von Breslau über Danzig ins ferne Königsberg abgeschoben, ohne jemals eine bedeutsames Amt innezuhaben. Selbst als er nach zähem Ringen endlich nach Berlin darf, bestehen seine Hauptaufgaben darin, andere mittelfristig zu vertreten. Er stellt, gewiss nicht ohne Bitterkeit, sein Entlassungsgesuch. Am 30. Juni 1844 verlässt er den Staatsdienst.

Die verbleibenden dreizehn Jahre sind wieder Wanderjahre, diesmal aber freiwillige. Nach einem kurzen, erfrischenden Aufenthalt in Wien, bei dem er viele namhafte Dichterkollegen trifft, kehrt er im Juni 1847 zurück nach Danzig. Er und Louise wohnen nun in häuslicher Gemeinschaft mit ihrer Tochter Marie Therese (1817–1884) und ihrem Ehemann, dem die Familie an dessen jeweilige Dienstorte folgt: 1847–1848 Berlin, 1848–1849 Dresden, 1849–1855 Berlin, 1855–1857 Neiße. Eichendorffs Frau Louise verstirbt am 3. Dezember 1855, Joseph zwei Jahre später am 26. November 1857.

Abgesehen von der frühen Lyrik, der Erzählung *Zauberei im Herbste* und seinem ersten Roman *Ahnung und Gegenwart*, die er noch als Student schreibt, verfasst Eichendorff die Mehrzahl seines poetischen Schaffens, wie z. B. die Erzählungen *Das Marmorbild* (1817), *Aus dem Leben eines Taugenichts* (1826), oder den zweiten Roman *Dichter und ihre Gesellen* (1834), als Beamter. Erstaunlicherweise entsteht nach seiner Pensionierung kein nennenswertes dichterisches Werk mehr. In den letzten Jahren konzentriert er sich vor allem auf seine literaturtheoretischen Werke, z. B. *Zur Geschichte der neueren romantischen Poesie Deutschlands* (1846) oder *Der deutsche Roman des 18. Jahrhunderts in seinem Verhältnis zum Christentum* (1851), und seine Übersetzungen aus der spanischen Barockliteratur.

2 Entstehungsgeschichte

Den frühesten bekannten Entwurf zum *Taugenichts* spürt Karl Pohlheim 1929 bei Karl von Eichendorff, einem Enkel des Dichters, auf. Er datiert ihn auf Mitte Oktober 1817. Diese Handschrift, die aus zwei Blättern besteht, ist heute verschollen und existiert nur noch als Abschrift. Wegen der zahlreichen Verweise auf andere, nicht erhaltene Blätter, kann man heute wenig Verlässliches über die frühen Entwicklungsstufen aussagen. Interessant ist vor allem, dass Eichendorff hier noch zwischen auktorialem und Ich-Erzähler schwankt.

Es existiert noch eine zweite Handschrift, die Polheim ungefähr auf 1823 datiert. Sie umfasst die ersten beiden Kapitel. Durch diese Blätter sind zwei Überschriften überliefert. Durchgestrichen hat Eichendorff: „Zwei Kapitel aus dem Leben eines armen Taugenichts Oder der moderne Troubadour", darüber hat er notiert: „Der neue Troubadour". Als die beiden Kapitel allerdings 1823 in der Breslauer Zeitschrift *Deutsche Blätter für Poesie, Litteratur, Kunst und Theater* gedruckt werden, lautet der Titel: „Ein Kapitel aus dem Leben eines Taugenichts". Diese Titel und weitere Hinweise aus dem Umkreis der Handschrift lassen verschiedene Konzepte des Handlungsverlaufs erkennen. So soll Aurelie zunächst eine tatsächlich verheiratete Dame darstellen, der Taugenichts dadurch in die Rolle eines romantischen Minnesängers gerückt werden. Die Ehe Aurelies wird später zum Aufhänger einer Verwicklungsgeschichte, die sich in einem „Happyend" zugunsten der Titelfigur auflöst. Deshalb legt Eichendorff wohl den Titel bzw. Titelzusatz ad acta, der auf einen Minnesänger anspielt. Indem er ihn am Ende der Erzählung außerdem mit einem Schloss als Mitgift reich beschenkt, ist auch das Adjektiv *arm* weggefallen. Wir haben heute leider keinerlei Aufschluss darüber, in welchen Entwicklungsstufen sich die Konzeptänderungen ab 1823 vollzogen haben. Entwürfe zur Endfassung haben sich nicht erhalten, auch in den Briefen Eichendorffs gibt es keine Hinweise auf die Entstehungsgeschichte.

Am 8. Oktober 1825 berichtet Eichendorff in einem Brief an den Verleger Julius Eduard Hitzig, dass er den *Taugenichts* vollendet habe. Der Text erscheint pünktlich zur Ostermesse 1826 in einem Bändchen zusammen mit *Das Marmorbild,* das bereits 1819 in Fouqués *Frauentaschenbuch* publiziert worden ist, und einer Reihe von Gedichten. Der Verleger hat dabei den von Eichendorff vorgeschlagenen allgemeinen Buchtitel („Novellen, Lieder und Romanzen") sowie die vom Autor vorgesehene Reihenfolge der Texte (*Marmorbild,* Gedichte erster Teil, *Taugenichts,* Gedichte zweiter Teil) abgeändert und unter folgendem Titel herausgebracht: *Aus dem Leben eines Taugenichts und das Marmorbild. Zwei Novellen nebst einem Anhang von Liedern und Romanzen von Joseph Freiherrn von Eichendorff.* (Berlin: Vereinsbuchhandlung, 1826).

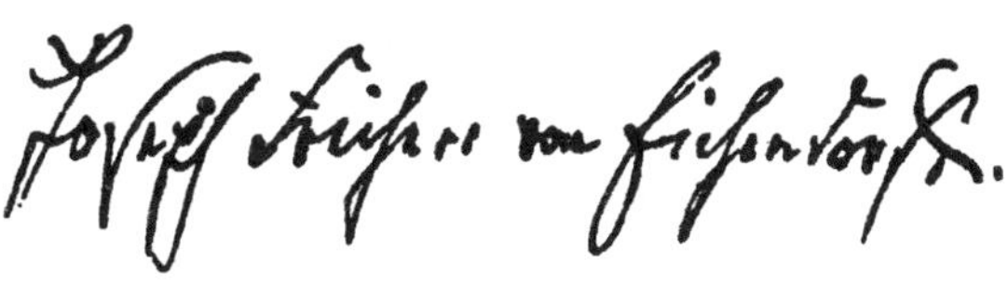

Inhaltsangabe

Erstes Kapitel: Flucht in die Welt

Zu Beginn des Frühlings setzt ein Müller seinen Sohn vor die Türe, weil er buchstäblich zu nichts taugt. Er soll sich, so der Rat des Vaters, draußen in der Welt einmal selbstständig seine Brötchen verdienen. Der Taugenichts, Sohn des Müllers und Titelfigur der gleichnamigen Erzählung Eichendorffs, nimmt diese drastische Erziehungsmaßnahme seines Vaters nicht allzu schwer, ihm gefällt sogar der Gedanke, die Enge des Elternhauses zu verlassen und, das ist seine Hoffnung, in der Welt sein Glück zu machen.

Mit seiner Geige und ein paar Groschen in der Tasche, die ihm sein Vater noch zugesteckt hat, wandert er, ein Lied auf den Lippen, sorg- und ziellos die Landstraße entlang. Sein Gesang ist kaum verklungen, als er schon von einer Kutsche, in der zwei vornehme Damen reisen, aufgelesen wird – die eine der beiden gefällt ihm vom ersten Augenblick an sehr. Von dieser vornehmen Art zu reisen ist er so fasziniert, dass er im Überschwang der Begeisterung erschöpft die Ankunft in einem Schloss bei Wien verschläft.

Neugierig betritt er die gräfliche Residenz und ehe er sich versieht, ist er als Gärtnersgehilfe eingestellt. Die weitläufige Gartenanlage des Schlossparks zieht ihn unmittelbar in ihren Bann, allein der Gartenarbeit geht er aus dem Wege, wann immer er unbeaufsichtigt ist. Statt zu arbeiten, sinniert er lieber bei einer Tabakspfeife über Gott und die Welt und wandelt vor seinem geistigen Auge bereits als vornehmer Kavalier vor dem Schloss auf und ab.

Eines Tages entdeckt er die jüngere der beiden Damen aus der Kutsche, als sie an einem Fenster steht. Es ist diejenige, in die er sich verliebt hat. Er hält sie für die junge Gräfin, sie ist aber nur die Nichte des Portiers. Um die unüberbrückbar erscheinende Distanz zu seiner Angebeteten überhaupt ertragen zu können, schlüpft der Taugenichts in die Rolle eines Voyeurs. Er beginnt, sehr zeitig aufzustehen, um sie, versteckt hinter einem blühenden Strauch, aus der Deckung durch das Fenster zu beobachten. Doch bereits nach ein paar Tagen verrät er sich. Verschämt zieht er sich eine Weile zurück, bis er eines Sonntags, in einem Kahn liegend und in den Tag träumend, von der Schlossgesellschaft mit der Bitte, diese über den Weiher zu rudern, überrascht wird. Dabei wird er von einem Herrn etwas spöttisch aufgefordert, eines seiner Lieder zu singen. Der Taugenichts wählt ausgerechnet das Lied, das von der unstillbaren und unerfüllten Liebe eines Mannes, der Gärtner sein könnte, zu einer schönen, hohen Frau handelt. Dies lässt die versammelten Herrschaften allerlei neckische Vermutungen anstellen. Alleine die betroffene Schöne gibt sich äußerlich völlig gleichgültig. Das lässt den Taugenichts am Ende des ersten Kapitels fast verzweifeln.

Zweites Kapitel: Kurze Karriere als Einnehmer

Obwohl sein Arbeitseinsatz im Garten recht kläglich gewesen ist, wird der Taugenichts eines Morgens wegen seiner angeblichen Verdienste und weil er lesen, schreiben und rechnen kann, zum Zöllner befördert. Ganz überrascht von diesem steilen Karrieresprung versieht unser Titelheld seinen Dienst zunächst mit Begeisterung.

Doch seine Liebe hat er über dem neuen, verantwortungsvollen Amt nicht vergessen. Kartoffeln und anderes nahrhafte Gemüse gräbt er aus der Erde aus und pflanzt stattdessen im Garten hinter seinem Zollhaus allerlei erlesene Blumen an, damit er seiner Geliebten täglich einen Strauß in einer Laube hinterlegen kann. Seine anonymen Gebinde werden zu seiner Freude regelmäßig abgeholt. Doch diese positive Entwicklung nimmt, wie sein Voyeurismus, ein abruptes Ende. Als er, während er gerade seine Blumen deponieren will, auf seine Geliebte stößt und ihr diese persönlich überreicht, bleiben seine Gebinde fortan an Ort und Stelle liegen. Das ist für ihn eine weitere herbe Enttäuschung. Das Blatt scheint sich allerdings erneut zu wenden, als eine Kammerjungfer mit der Bitte an ihn herantritt, er möge für die gnädige Frau, die sich auf einem Maskenball als Gärtnerin kostümieren will, Blumen herrichten. Leider entpuppt sich die Gärtnerin als die ältere der beiden Damen aus der Kutsche.

Von einem Birnbaum aus beobachtet der enttäuschte Taugenichts die rauschende Ballnacht, als am Höhepunkt des Festes Aurelie – so heißt seine Angebetete – auch noch mit dem jungen Grafen auf den Balkon tritt. Diesen hält der Taugenichts fälschlicherweise für den Gemahl seiner Geliebten. Die vermeintliche Ehe seiner Angebeteten stürzt ihn in eine tiefe Traurigkeit. Unter Tränen durchwacht er die Nacht in seinem Birnbaum. Doch mit den ersten Sonnenstrahlen packt ihn seine alte Reiselust. Es zieht ihn nun endgültig nach Italien. Er wandert mittellos wie zuvor und mit demselben Lied auf den Lippen in den Morgen.

Drittes Kapitel: Nach Italien

Schon nach kurzer Zeit bemerkt der Taugenichts, dass er eigentlich für seine lange Reise gar nicht gerüstet ist. Er verfügt weder über Geld noch über Gepäck, er weiß nicht einmal, welchen Weg er einzuschlagen hat. Doch allein der naive Gedanke, Italien sei das Land, in dem einem die Rosinen in den Mund wachsen, lässt den Taugenichts alle materiellen Sorgen schlichtweg vergessen. Da er nicht weiterweiß, lässt er sich einfach unter dem nächstbesten Baum nieder und macht ein Nickerchen. Dabei hat er allerlei wehmütige Träume über seines Vaters Mühle und seine geliebte Dame. Doch durch die Begegnung mit einem Bauern, der ihn unsanft weckt und einen Faulenzer schimpft, fallen ihm prompt wieder alle Gründe ein, weshalb er es vorzieht, doch lieber in die Ferne zu schweifen. Er nimmt seine Geige hervor und spielt und wandert buchstäblich aufs Geratewohl, fernab aller Wege, durch die Landschaft. Es erstaunt, dass er sich dabei nicht verirrt, sondern schnurstracks in einem Dorf landet, in dem er an diesem Sonntagabend der Bevölkerung bis in die späte Nacht zum Tanz aufspielt. Er bleibt schließlich allein auf dem Dorfplatz zurück und sinniert wieder über seine Angebetete nach, als ihn plötzlich zwei Reiter unter vorgehaltener Pistole zwingen, ihnen voranzugehen und sie nach B. zu geleiten. Später stellen sich ihm die beiden als Maler vor, die ihn vom Schloss her zu kennen scheinen. Sie unterbreiten ihm den Vorschlag, als Diener in ihre Dienste zu treten. Ferner behaupten sie, für sie zu arbeiten sei, als hätte man ewig Urlaub. Als der Taugenichts vernimmt, dass ihre Reise nach Italien führt, willigt er freudestrahlend ein. Wieder einmal ist der Zufall seinem Schicksal günstig gesonnen. Obwohl der Taugenichts die beiden Reiter ohne Ortskenntnisse durch die Nacht geleitet hat, kommen die drei schließlich wie durch ein Wunder in B. an. Der Taugenichts schöpft nicht einmal Verdacht, als die vermeintlichen Maler den Ort mit einem kritischen Blick auf die Uhr noch nicht betreten, weil es ihren Aussagen zufolge zu früh sei und das gefährlich werden könnte. Erst nach einiger Zeit der Rast macht sich die Reisegesellschaft wieder auf den Weg. Die Aussicht auf die nun beginnende Reise erzeugt beim Taugenichts wieder einen seiner Begeisterungsstürme.

Viertes Kapitel: Als Fluchthelfer

In B. geht die Reise mit der Postkutsche weiter. Tag und Nacht verbringt er beim Kutscher und seine einzige Aufgabe besteht darin, den Malern in regelmäßigen Abständen Essen und Trinken an den Wagen zu bringen. Das seltsame Reiseverhalten der beiden, die tagsüber bei geschlossenen Gardinen reisen, kein Wirtshaus betreten und auch sonst die Kutsche nie zu verlassen scheinen, fällt dem Taugenichts zwar auf, doch er denkt sich nicht viel dabei. Obwohl er jeden Augenblick der Reise genießen möchte, überfällt ihn bald eine bleierne Müdigkeit und er verschläft die Wegstrecke durch Tirol und durch die halbe Lombardei.

Endlich legt die Reisegesellschaft in einem schäbigen Nest an einer Poststation eine kurze Rast ein, angeblich, um einige Briefe zu schreiben. In der Gaststube gesellt sich ein buckliges Männlein zum Taugenichts und horcht ihn, systematisch nachbohrend, über die beiden Maler und das Ziel der Reise aus. Außerdem bemerkt der Taugenichts noch eine Gestalt, die in der Deckung der Büsche, die das Anwesen umsäumen, die Geschehnisse beobachtet. Die beiden Maler scheinen ihre Verfolger bemerkt zu haben, denn sie sind über Nacht plötzlich verschwunden.

Für den Taugenichts haben sie einen prall gefüllten Beutel mit Geld und die Kutsche zurückgelassen, die er nur noch zu besteigen braucht.

Fünftes Kapitel: Im Schlaraffenland

In einem für den Taugenichts unbegreiflich rasanten Tempo geht die Reise, wie von Geisterhand gesteuert, weiter. Nirgendwo kann er nach Lust und Laune etwas verweilen, immer treibt ihn der Postillon zur Eile an. Da heißt es oft, Messer und Gabel mitten im Essen fallen zu lassen und zurück in die Kutsche zu hetzen. Der Taugenichts versteht von alledem nichts, und den Kutscher zu fragen ist sinnlos, weil er nur Italienisch spricht. Daher ergibt sich der Titelheld ohne Murren in sein Schicksal.

Als sein Geld bedenklich zur Neige geht, wird das Gefährt, als wäre auch das aufs Genaueste im Voraus berechnet, von dem Postkutscher an einen zivilen Wagenlenker übergeben und die Fahrt geht weiter durch die Nacht in einen gespenstisch dunklen Wald. Darin überquert plötzlich der Bucklige kurz vor der Kutsche auf seinem Schimmel den Weg. Der Wagenlenker lacht auf, die List der Maler scheint aufgegangen, denn der Spion befindet sich auf der falschen Fährte. Schließlich fährt die Kutsche in einen alten Schlosshof ein.

Dort erwartet den Taugenichts mitten in der Nacht eine derart reich gedeckte Tafel, dass er sich wie im Schlaraffenland vorkommt. Sein naives Vorurteil bezüglich eines Italiens, in dem jedem die Trauben in den Mund wachsen, bestätigt sich auf den ersten Blick. Alles dort scheint sich ausschließlich um ihn zu drehen. Nach einem opulenten Mahl lässt er sich erschöpft in sanfte Kissen fallen, kann aber lange nicht einschlafen, weil er immer befürchtet, der Postillon könnte erneut zur Weiterfahrt blasen. Doch diesmal ist ihm eine ruhige Nacht beschert.

Sechstes Kapitel: Der vermeintliche Reiserückruf

Von Beginn des Kapitels an wird subtil angedeutet, dass man den Taugenichts vor Ort für eine weibliche Person hält. Die Kammerzofe zum Beispiel erachtet es nicht für notwendig, die Tapetentür, die ihr Zimmer mit dem seinen verbindet, abzuschließen, weil sie glaubt, einem Mädchen zu Diensten zu sein. Der Taugenichts bemerkt während des gesamten Kapitels nicht, dass man ihn für eine junge Frau in Männerkleidern hält. Auch kommt es ihm nicht seltsam vor, dass ihm ein Jüngling des Nachts unten vor seinem Fenster ein Ständchen singt.

Ihm gefällt dafür, dass in dem abgelegenen Schloss niemand an die Weiterreise denkt. Er fühlt sich in der Abgeschiedenheit des Ortes von der Außenwelt wie ein verwunschener Märchenprinz. Trotzdem gewinnt er auch dem schönen Nichtstun nur kurze Zeit etwas ab. Er verspürt ziemlich rasch eine grenzenlose Langeweile. Es scheint, als wäre ihm die Reise, über deren Rasanz er zuvor geklagt hat, wesentlich angenehmer gewesen, als ewig in den Tag hinein zu leben. Sein Tatendrang wird aber bald durch einen Brief Aurelies beflügelt.

Wiederum wird ihm nicht klar, dass dieser Brief nicht an ihn adressiert ist, sondern an die junge Gräfin, die mit ihrem Geliebten von Zuhause durchgebrannt ist. Aurelies kurze Nachricht enthält den Hinweis, alle Hindernisse seien beseitigt und ohne die Adressatin sei das Leben bei Hofe öde und leer. Der Taugenichts bezieht die Botschaften des Schriftstücks prompt auf sich und gewinnt, nachdem er den Inhalt eingehend studiert hat, für sich die vermeintliche Erkenntnis, Aurelie liebe ihn und hätte irgendetwas unternommen, um die Standesgrenzen zwischen ihnen zu annullieren.

In der folgenden Nacht entdeckt er eine Maßnahme, die man zur Sicherheit der „Gräfin“, die man beherbergt, ergriffen hat. Die beiden Türen seines Zimmers sind zu „ihrem“ Schutz fest verschlossen. Natürlich fühlt sich der Taugenichts bei dieser Feststellung nicht behütet, sondern kommt sich ganz im Gegenteil eingesperrt vor. Da erwacht spontan auch seine Sehnsucht nach der schönen Frau wieder. Er packt seine Siebensachen, schwingt sich aus dem Fenster und klettert an der Fassade hinab. Unten empfängt ihn der Jüngling, der ihm wieder einmal ein Ständchen gebracht hat und dieser glaubt nun seinerseits, der weibliche Schlossgast hätte sein Flehen erhört. Der Student führt den Schlüssel für die Gartenpforte mit sich. Doch kaum in der Freiheit wiederholt er auf Knien – und natürlich auf Italienisch – seine Liebesschwüre. Der Taugenichts hält den Studenten in seiner Verblüffung für verrückt und nimmt Reißaus. Als er bemerkt, dass er vom Schloss her verfolgt wird, flieht er auf einen Baum und entkommt wenig später im Schutz der Dunkelheit seinen Verfolgern.

Siebtes Kapitel: Rom, Blicke

Als der Taugenichts erfährt, dass er nur noch wenige Kilometer von Rom entfernt ist, verschiebt er kurzfristig seine Rückreisepläne und wandert der italienischen Metropole entgegen. Im

Mondschein betritt er Rom und erliegt seiner einzigartigen, nächtlichen Faszination.

In einem Garten hört er eine weibliche Stimme, die ein italienisches Lied singt, das ihm vom Schloss her bekannt ist. In der Sängerin glaubt er sogleich seine Aurelie wiederzuerkennen. Er schwingt sich über die hohe Gartenmauer, erhascht aber nur noch den Anblick einer fliehenden Gestalt in einem weißen Kleid. Er setzt ihr nach, doch sie ist im Haus verschwunden, ehe er sie einholen kann. Um sich zu erkennen zu geben, spielt und singt der Taugenichts nun alle Lieder, die er stets im Schlosspark zum Besten gegeben hat, jedoch ohne Erfolg. Die Schöne seines Herzens zeigt sich nicht. So verbringt er schließlich die Nacht auf ihrer Türschwelle. Am nächsten Tag blickt er erneut durch die Jalousien, durch die er in der Nacht zuvor zwei Augenpaare zu sehen glaubte, entdeckt jetzt aber, dass alle Möbel verhangen sind, was darauf schließen lässt, dass das Haus seit Längerem unbewohnt ist. Voller Entsetzen flieht er von diesem unheimlichen, leeren Ort zurück in die belebten Gassen Roms. Er lässt sich an einem der vielen Brunnen nieder und trällert ein Lied, als er von einem deutschen Landsmann angesprochen wird.

Dieser entpuppt sich als Maler. Er lädt den Taugenichts zu sich ein, um ihn Modell sitzen zu lassen. Ein Hirtenknabe auf einem seiner Gemälde soll den Kopf des Taugenichts tragen. Anstatt stillzusitzen, stöbert der Taugenichts alsbald in den Gemälden herum, die in dem Zimmer gelagert sind. Dabei stößt er auch auf Werke von Leonardo da Vinci und Guido Reni, deren Vornamen er in seiner Naivität mit denen der Maler gleichsetzt, die ihn mit nach Italien genommen haben. Sein Gastgeber ist ob solcher Unwissenheit zunächst schockiert, erinnert sich aber sogleich an die beiden Maler Leonhard und Guido, die zusammen mit einem jungen Musikanten von einer deutschen Gräfin unlängst gesucht worden sind. Nun wird ihm klar, dass der Taugenichts dieser junge Musikant ist. Er erzählt diesem von den

Nachforschungen der deutschen Gräfin, die der Taugenichts in seinem Irrglauben wiederum mit seiner Aurelie gleichsetzt. Er kann nicht wissen, dass Aurelie mit der Gräfin Mutter in Rom gewesen ist, um Flora, die geflohene junge Gräfin, zu suchen und zurückzuholen. Um die Verwirrung noch zu komplettieren, zeigt der Maler dem Taugenichts ein Gemälde, auf dem tatsächlich Aurelie abgebildet ist. Ohne weitere Erkundigungen einzuziehen, stürmt der Taugenichts mit dem Ausruf, sie sei es, aus der Dachkammer des Malers, um die Geliebte erneut in dem Garten zu suchen, wo er ihre Stimme zu hören geglaubt hat.

Achtes Kapitel: Das falsche Italien

Ohne Ortskenntnisse und ohne den Namen des Platzes zu kennen, irrt der Taugenichts durch die übervölkerten Straßen Roms. Doch er sucht vergebens nach dem Garten, in dem er die Stimme seiner Geliebten vernommen zu haben glaubt. Er befürchtet schließlich, dass er sich die Existenz des Gartens und des Hauses nur eingebildet hat. Erschöpft legt er sich in der Mittagshitze Roms in den Schatten eines ausladenden Balkons nieder und träumt vor sich hin.

Er fantasiert dabei, er läge in seinem Heimatdorf auf einer Wiese und der Sommerregen, der sich über ihn ergösse, regne als frische Blumen auf ihn herab. Und tatsächlich, als er aufwacht, ist er stellenweise, er weiß nicht wie, von frischen Blumen bedeckt. Er liest diese auf und bindet sie zu einem Sträußlein, das er sich ins Knopfloch steckt. Belustigt findet ihn dort der Maler wieder, der den Taugenichts nun in einen Garten vor der Stadt einlädt, in dem sie weitere Landsleute treffen würden und sich so nach der deutschen Gräfin erkundigen könnten. Dort angekommen, stoßen die beiden auf Männer und Frauen, die ein lebendes Bild inszenieren, indem sie ein berühmtes Gemälde nachstellen. In dieses leibhaftige Kunstwerk platzen ein Mädchen, von der der Taugenichts glaubt, sie sei die Kammerjungfer vom Schloss, und ein Jüngling, die alles durcheinander bringen. In der dabei entstehenden Verwirrung steckt die Dienerin dem Taugenichts einen Zettel zu, worauf er die Adresse ihrer Dame und die Verabredung für ein Rendezvous vorfindet. Voller Freude packt er seine Geige aus und spielt bis zum Abend zum Tanz auf. Der Taugenichts fiebert seiner schönen Frau so sehr entgegen, dass er das ausgelassene Gartenfest als öde und leer empfindet.

Eine Stunde vor dem vereinbarten Stelldichein macht er sich auf den Weg und findet zu seinem Erstaunen das Gartengrundstück mit dem Haus, das er tagsüber vergeblich gesucht hat. Drinnen singt auch wieder dieselbe Stimme dasselbe italienische Lied wie in der Nacht zuvor. Weil er aber überpünktlich ist, wartet er artig an dem Brunnen inmitten des Platzes vor dem Anwesen. Plötzlich nimmt er eine Gestalt wahr, die die Gartenpforte aufschließt. Sie trägt den Mantel des Malers, der ihn auf das Gartenfest mitgenommen, sich dort ziemlich betrunken und übel aufgeführt hat. Der Taugenichts befürchtet einen mörderischen Anschlag auf seine schöne Frau und versucht, die vor seinen Warnrufen flüchtende Gestalt einzuholen. Diese aber entpuppt sich als die Kammerzofe, der der Maler lediglich zum Schutz vor der nächtlichen Kälte seinen Mantel geliehen hat. Der Krach, den der Taugenichts geschlagen hat, hat auch die Dame des Hauses geweckt. Zu seinem Entsetzen tritt ihm statt der Geliebten nun eine korpulente, imposante Italienerin mit Hakennase entgegen, die in ihrer Muttersprache mächtig auf ihn einschimpft. Durch sein Spektakel hat er der Dame, die ihn zu einem nächtlichen Rendezvous geladen hat, alle Lust verdorben. Es stellt sich heraus, dass sie es gewesen ist, die in der vorherigen Nacht für ihn gesungen und ihn bei Tage mit Blumen bestreut hat. Der Taugenichts hat also zur Mittagsstunde just unter jenem Anwesen eine Ruhepause eingelegt, das er die ganze Zeit zuvor vergeblich gesucht hatte. Kurz bevor die aufgebrachten Nachbarn eintreffen, die der Taugenichts durch sein Geschrei rebellisch gemacht hat, erfährt er noch von der Kammerzofe, dass seine junge Gräfin längst nach Deutschland zurückgekehrt sei. Die Kammerzofe schickt die wütenden Nachbarn auf eine falsche Fährte und bugsiert den verwirrten Taugenichts vor die Gartentüre. Da steht er nun genauso einsam und verloren wie bei seiner Ankunft. Wenn er nun an Italien denkt, empfindet er eine grenzenlose Wut, weil sich dieses Land als hinterhältig und falsch entpuppt hat. In dieser Stimmung macht er sich nun endgültig auf den Heimweg.

Neuntes Kapitel: Heimkehr

Kurz vor der Grenze zu Österreich trifft der Taugenichts auf drei Prager Studenten, die sich auf ihrer Wanderschaft als Musiker durchschlagen. Als sich herausstellt, dass einer von ihnen seinen Cousin, den Portier vom Schloss, besuchen will, mit dem auch der Taugenichts befreundet ist, beschließen sie, ihre Reise auf einem der Donaupostschiffe gemeinsam fortzusetzen.

Auf dem Boot treffen sie unter anderem einen geistlichen Herrn, der von einer bevorstehenden Hochzeit auf dem Schloss berichtet. Er sei als Kundschafter ausgesandt, um Ausschau danach zu halten, ob der Bräutigam bereits in der Gegend sei. Eine Dame aus Rom habe ihm geschrieben, er sei schon längst von dort abgereist. Ein Mädchen, dessen Reiseziel ebenfalls das Schloss ist, auf dem sie eine Stelle als Bedienstete annehmen wird, will einiges von den Umständen der Hochzeit gehört haben. Es sei eine alte Liebe gewesen, die die junge Gräfin nur lange verheimlicht habe. Der Taugenichts bezieht in seiner Verblendung wiederum alle Fakten, die zur Sprache kommen, auf sich. Als der Priester noch hinzufügt, der Bräutigam sei wohl ein etwas liederlicher Geselle, kann sich der Taugenichts nicht mehr zurückhalten. Er schämt sich zwar, sich als der Bräutigam auszugeben, möchte aber den schlechten Eindruck, den der Priester von „ihm“ hat, korrigieren. Er lobt sich in der dritten Person so, dass ihn der Geistliche für einen guten Bekannten des Bräutigams hält. Die kleine Reisegruppe sitzt bis zur Ankunft am Schloss noch vergnügt und gesellig beisammen. Der Taugenichts geht beinahe über vor Freude, als er endlich vom Schiff aus das Zollhäuschen und in der Ferne das Schloss erblickt.

Zehntes Kapitel: Alles wird gut

Nach ihrer Ankunft trennt sich sogleich die kleine Reisegruppe. Jeder zieht aus anderen Beweggründen auf das Schloss. Nur der Taugenichts eilt sogleich dem Schlosspark entgegen. Unterwegs kommt er an dem Einnehmerhäuschen vorbei und blickt durch das offene Fenster. Alles sieht so aus wie ehedem. Deshalb kann er der Versuchung nicht widerstehen, er springt hinein und setzt sich wie früher an den Schreibtisch mit dem großen Rechenbuch. Als sich plötzlich die Tür öffnet und der neue Einnehmer im altbekannten, gepunkteten Schlafrock eintritt, ergreift der Taugenichts schockiert die Flucht. Dabei verheddert er sich, als er auf die Parkmauer zuhetzt, mit den Füßen im Kartoffelkraut, dem seine Blumen weichen mussten.

Im Schlosspark wird er – das kann er natürlich nicht wissen – bereits erwartet. Als er sich seiner Aurelie nähert, die mit einer anderen Dame, deren Stimme die des Malers Guido zu sein scheint, auf einer Bank am Schwanenteich sitzt, wird er von einer Gruppe junger Mädchen umringt, die ihn, eine lange Blumengirlande in ihren Händen, im Tanz umringen und dazu das Hochzeitslied aus Webers Oper *Der Freischütz* singen. Schließlich nähert sich der vermeintliche Maler Leonhard wie ein Brautvater mit der schönen Frau dem Taugenichts und hält ihm eine recht verwirrende Predigt über die Liebe. Die andere Dame setzt ihm dazu einen Myrtenkranz auf den Kopf. Ohne auch nur irgendwie zu reagieren, wird der völlig perplexe Taugenichts zum Bräutigam.

Endlich klären ihn der Maler Guido, der in Wirklichkeit die verkleidete junge Gräfin Flora ist, und ihr Bräutigam, der angebliche Maler Leonhard, über die Hintergründe und Verwicklungen auf seiner Italienreise auf. Er weiß nun, dass er als Köder benutzt worden ist, um den Spion der Gräfin Mutter, den buckligen Senior, auf eine falsche Fährte zu locken, und dass der Brief, aufgrund dessen er die Heimreise angetreten hat, an Fräulein Flora adressiert war. Dennoch wendet sich alles zum Guten.

Die Szene wird gestört durch Musik und Feuerwerk, die wohl die Verlobungsfeier der jungen Gräfin einleiten. Aurelie flüchtet weg vom Lärm tiefer in den Park hinein. Der Taugenichts springt ihr eilig nach. Er nimmt seinen ganzen Mut zusammen und ergreift ihre Hand. Sie ist es aber, die ihn zunächst an sich zieht, ihn umarmt und herzt. Jetzt klären sich auch die Missverständnisse auf, die den Taugenichts in die Ferne getrieben haben. Er erfährt, dass sie keine Gräfin ist, sondern lediglich ein Waisenkind und zugleich die Nichte des Portiers, um deren Erziehung sich die Gräfin Mutter gekümmert hat. Ihr vermeintlicher Ehemann, den er mit ihr am Balkon des Schlosses erblickt hat, entpuppt sich als der junge Graf, der just an Aurelies Geburtstag aus dem Krieg heimgekehrt ist und sie, weil es schließlich auch ihr Jubeltag gewesen ist, mit auf den Balkon geführt hat. Als Hochzeitsgeschenk hat ihnen der Graf (Floras Verlobter) das weiße Schlösschen in der Nähe samt einem Garten und Weinbergen vermacht. Gleich nach der Hochzeit will der Taugenichts mit seiner Angetrauten – sowie mit den Prager Studenten und dem Portier – wieder auf nach Italien und nach Rom. Wie sehr er über dieses Land geschimpft hat, hat er längst vergessen. Abschließend beteuert er dem Leser noch, dass nun alles, alles gut sei.

Textanalyse und Interpretation

1 Struktur und Textaufbau

Struktur

Eichendorff untergliedert seine Erzählung *Aus dem Leben eines Taugenichts* in **zehn Kapitel** von jeweils vergleichbarer Länge. Die einzelnen Erzählabschnitte hat er dabei nur formelhaft betitelt: „Erstes Kapitel", „Zweites Kapitel" etc. Bei genauerer Lektüre erkennt man, dass immer jeweils zwei Kapitel den Aufenthalt an bzw. die Reise zu einem zentralen Ort beschreiben. Der **Reiseweg** des Taugenichts stellt eine **Art Kreis** dar, dessen beide Enden jedoch nicht zur Deckung kommen. Der Titelheld kehrt zwar aus Italien zurück zu seiner Aurelie auf das Schloss bei W., er hegt jedoch, kaum dass von Hochzeit die Rede ist, bereits wieder Reisepläne: „und gleich nach der Trauung reisen wir fort nach Italien, nach Rom, da gehen die schönen Wasserkünste, und nehmen die Prager Studenten mit und den Portier!" (S. 130, S. 24–26).

Der Kreis kann zwar als ein in sich geschlossenes, harmonisches Gebilde verstanden werden. Im Kreis zu gehen heißt aber auch, nicht ausbrechen zu können und immer wieder an denselben Punkten vorbeizuwandeln. Der Kreis kann im Taugenichts jedoch nicht als ein Symbol für den Stillstand gedeutet werden. Ein (spieß-)bürgerlich denkender Mensch hätte in dem Hochzeitsgeschenk des Grafen für Aurelie und den Taugenichts, in dem weißen Schlösschen samt Garten und Weinbergen, die Erfüllung gesehen sowie die Garantie für ein materiell unbeschwertes Leben. Der Taugenichts, der in seinen Versuchen, ein arbeitsames Leben zu fristen, stets scheitert, riecht jedoch sogleich den Braten, und er drückt mit seinen Reiseplänen deutlich aus, dass er gedenkt, sich den Klauen der bürgerlichen Gesellschaft sofort wieder zu entziehen.

Auch an der **Rasanz**, mit der sich in der Erzählung Eichendorffs die Ereignisse überstürzen, erkennt man unschwer, dass Stillstand und die Absicht, an ein Ziel zu kommen, für einen Menschen der Romantik ein Alptraum ist. Denn jede endgültige Ankunft würde das Sehnen annullieren, was wiederum das Herzstück aller romantischen Befindlichkeit ist.

Eine kleine Anmerkung sei hier noch erlaubt: Die hier beschriebene Struktur ist aus der Sicht des Lesers entwickelt. Der **Taugenichts erlebt seinen Lebensweg**, den er als fiktiver Ich-Erzähler beschreibt, strukturell völlig **anders**. Er, der vieles, was um ihn und mit ihm passiert, nicht begreift, erlebt vor allem seinen Reiseweg durch Italien, das er so lange durchstreift, nicht als eine geordnete, sondern als eine chaotische Struktur. Aus seiner Sicht bewegt er sich nicht in einem Kreis, sondern vielmehr in einem Labyrinth, in dessen Zentrum er sich endlich mit Aurelie vereint.

Aufbau

Während der Begriff „Struktur" zunächst gewissermaßen räumlich verstanden und an den konkreten Lebens- und Reiseweg des Titelhelden gekoppelt wurde, soll nun unter dem verwandten Begriff „Aufbau" Eichendorffs Text inhaltlich mit anderen Erzählmustern der Zeit um 1800 verglichen werden. Denn der *Taugenichts* ist so aufgebaut, dass er als eindeutige **Kritik an der klassischen Bildungsliteratur** und als Alternative dazu verstanden werden muss.

Bereits der Titel von Eichendorffs Erzählung enthält einen wichtigen strukturellen Verweis: Erzählt wird ***Aus** dem Leben eines Taugenichts*. Die Präposition soll wohl zweierlei bedeuten: zum einen wird nur ein **repräsentativer Ausschnitt aus der**

Struktur des Taugenichts

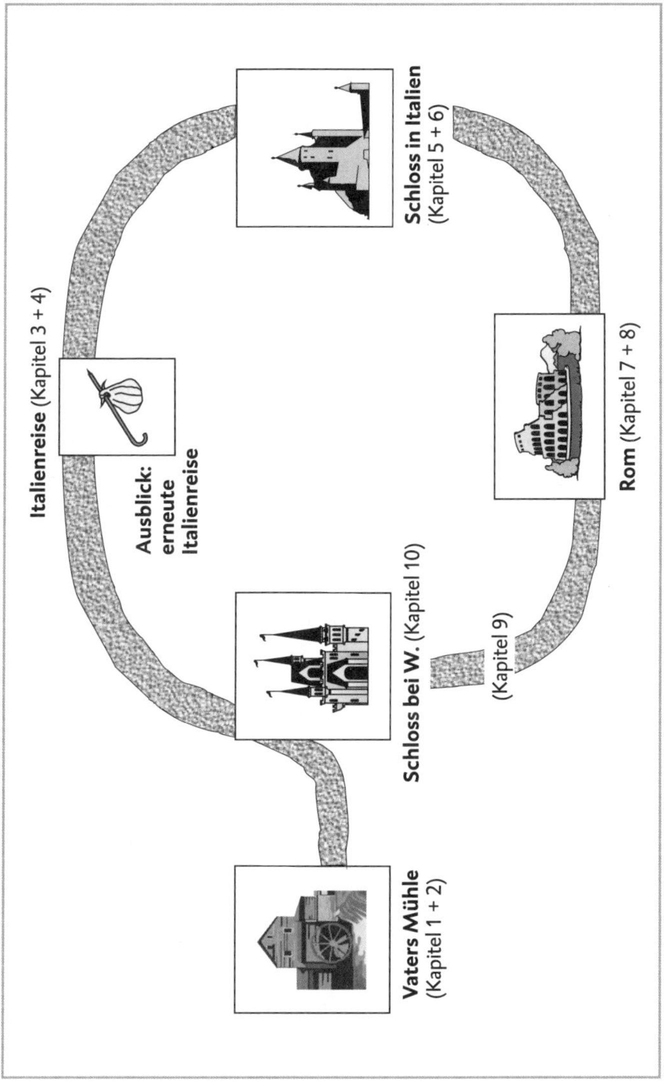

Biografie des Titelhelden wiedergegeben, zum anderen wird selbst innerhalb dieser Auswahl das Unvollständige und **Bruchstückhafte der Darstellung** eigens betont.

Das ist auf den ersten Blick hin gar nicht verwunderlich. Das Ausschnitthafte ist für alle kurzen Erzählformen, von der Anekdote bis hin zur Novelle, typisch. Verwunderlich wird dies erst, wenn man die inhaltliche Thematik der Erzählung mit anderen Texten der Zeit vergleicht.

Italienreisen haben um 1800 Hochkonjunktur. Ihr touristischer Aspekt rückt jedoch vor den pädagogischen Zielsetzungen gänzlich in den Hintergrund. Es geht den Bildungsreisenden stets um Selbstfindung, also darum, zu einer Persönlichkeit heranzureifen, und um Selbstbildung, d. h. man möchte seine Sinne und seine ästhetischen Empfindungen schulen, indem man die Werke der Alten, vornehmlich die Plastiken und Bauten der Antike, in Augenschein nimmt. Parallel zu den tatsächlichen Reiseaktivitäten entsteht eine eigene, die Zeit um 1800 bis ins späte 19. Jahrhundert prägende Romanform: der **Bildungsroman**.

Zieht man Goethes *Wilhelm-Meister*-Projekt heran, den bekanntesten deutschen Bildungsroman, erkennt man sehr schnell den deutlichen Unterschied der klassischen Bildungsliteratur zu Eichendorffs *Taugenichts*:

Goethes Text ist vor allem auch deshalb zur Romanlänge gereift, weil er durch die Wahl eines auktorialen Erzählers die Geschehnisse für den Leser immer auch kommentiert. Bisweilen kritisiert Goethes Erzähler sogar den Titelhelden, bespöttelt ihn oder macht ihn gar lächerlich. Im Vergleich hierzu ist Eichendorffs Erzählmuster eher trivial, er setzt auf einen **Ich-Erzähler**, der ein Höchstmaß an Identifikationsmöglichkeiten bietet. Diese ausgesprochen **schnörkellose, einfache Erzählstruktur** ist bewusst gewählt. Ein so chaotisches Leben wie das des Taugenichts, das in keines der gesellschaftlichen Muster passt, lässt sich nur radikal befürworten oder ablehnen. Er will es nicht kommentieren, denn es ist unmöglich, plausibel zu erklären, warum einem, der nichts unternimmt, dennoch alles zufällt. Während Wilhelm Meister viele Rückschläge auf seinem Weg zur Selbstfindung und Selbstbildung hinnehmen muss, während viele seiner Bemühungen gar völlig ins Leere laufen, und er sich am Ende auf das ihm Mögliche beschränken muss, gelingt dem Taugenichts alles, was er anpackt. Er bemüht sich noch nicht einmal aktiv um irgendeine Art der (Aus-)Bildung, ihm fliegt vielmehr alles zu. Durch den **bewusst naiven Ton** seiner Erzählung, die eine schier unglaubliche Biografie zum Inhalt hat, nähert sich Eichendorffs Text dem Märchen. Die Odyssee des bisweilen etwas einfältigen und bodenständigen Taugenichts endet buchstäblich zu schön, um wahr zu sein. Das Skandalöse dieser Erzählung besteht also darin, dass der Taugenichts aus derselben Gesellschaft und bürgerlichen Kultur aussteigt, in die sich Wilhelm Meister und andere mühevoll und schmerzhaft zu integrieren versuchen. Dem Taugenichts können nicht einmal die üppigen Hochzeitsgeschenke etwas anhaben. **Er lässt sich nicht vereinnahmen**, bleibt lieber ein Exzentriker, weil er zur Integration in bürgerliche Kreise weder willens noch fähig ist.

Eichendorffs Text ist folglich inhaltlich so aufgebaut, dass er zu seiner Zeit als deutlich akzentuierte **Alternative zu den klassischen Bildungsromanen** und ihren überkommenen bürgerlichen Wertvorstellungen verstanden werden musste.

2 Charakterisierung der Hauptperson

Romantiker

Eichendorff stellt dem Leser mit seiner **Titelfigur** gewissermaßen den **Prototypen eines Romantikers** vor, ohne dass auch nur an einer einzigen Stelle explizit erklärt wird, was man sich denn nun genau unter einem Romantiker vorzustellen hat. Literarische Epochen sind im Prozess der Literaturgeschichtsschreibung in der Regel immer erst im Nachhinein gänzlich erfasst und auf bestimmte Kennzeichen verkürzt worden. Gerade was die Phasen der Romantik betrifft, haben die Autoren in ihrer Zeit oft sehr eigenwillige Überlegungen darüber angestellt, was denn nun als romantisch zu bezeichnen sei. Oft sahen sich die Autoren deshalb gezwungen, dies quasi in jedem Text neu festzuschreiben. Eichendorff löst solche definitorischen Probleme sehr elegant durch die Wahl einer bestimmten Erzählhaltung:

Der Taugenichts, der auch die Rolle des **fiktiven Ich-Erzählers** innehat, schildert die Welt aus seiner Sicht. Der Leser schaut dadurch buchstäblich durch die **romantische Brille** und so sieht er, wie ein Romantiker lebt, denkt, fühlt und handelt. Da der Taugenichts an manchen Stellen auch genauer darauf eingeht, wie er auf seine Umwelt wirkt, kann der Leser daran ablesen, worin genau die Abweichung des Romantikers von der gesellschaftlichen Norm besteht, die er kritisiert.

Eichendorffs Titelfigur trägt den Schimpfnamen eines „Taugenichts" buchstäblich von der ersten Seite an. Wir erfahren seinen richtigen Namen nie. Das negative Attribut, mit dem Eichendorff seine romantische Vorbildfigur benennt, hat um 1800 einen entscheidenden Bedeutungswandel durchlebt:

Jakob Michael Reinhold Lenz lässt etwa in *Der Hofmeister oder Vorteile der Privaterziehung* (1772) einen Zögling, der die schulischen Belange zu nachlässig nimmt, von seinem bornierten Vater in einem Atemzug als „Galgendieb" und „gassenläuferische[n] Taugenichts"[1] beschimpfen. Als **Taugenichts** wird in der Zeit der Aufklärung derjenige deklariert, der seine **alltäglichen Pflichten vernachlässigt** und folglich der Gesellschaft zu nichts nutze ist, weil er nicht zum Gemeinwohl aller beiträgt. Der hier anklingende Utilitarismus war eine weit verbreitete Lehre, die besagt, dass ausschließlich der gesellschaftliche Nutzen Grundlage und Zweck allen menschlichen Handelns sei. Vor allem gegen solche spießbürgerlichen Ansichten – jedoch nicht gegen die Aufklärung im Allgemeinen (!) – sind die Dichter der Romantik ins Feld gezogen. In seinem *Taugenichts* kritisiert Eichendorff die kleinbürgerliche Gesinnung, die dazu neigt, Mitmenschen, die von der Norm abweichen, negativ zu bewerten und im sozialen Ansehen an den Rand der Gesellschaft zu drängen. Schillernde Randexistenzen sind aber für die Romantiker deshalb von hohem Interesse, weil sie **nonkonformistisch** sind, sich nicht von irgendwelchen Regeln gängeln lassen und sich dadurch viel offener und empfänglicher für ihre Umwelt zeigen. Die Rolle der **sozialen Randexistenz** ist dem Taugenichts auf den Leib geschneidert. Zu Hause ist er als Faulenzer bekannt, vor ihm zieht niemand den Hut, obwohl er der Sohn eines Müllers ist und Müller gemeinhin als wohlhabend gegolten haben. Als er schließlich in die Welt zieht, „kümmerte sich eben keiner sehr darum" (S. 8, Z. 7). Er kommt weder als Gärtner noch als Zolleinnehmer zu sozialem Ansehen. Und doch erlangt er am Ende ein Vermögen, das ihn wirtschaftlich weitgehend unabhängig macht. Dieses Geschick erfährt er, weil er bedingungslos liebt. Er lebt dem Leser vor, wofür ein nonkonformistischer Mensch empfänglich ist und beweist, dass auch der sein materielles Glück machen kann, der nach Immateriellem strebt. Das lässt die **Kleinbürger** natürlich **in schlechtem Licht** erscheinen. Da sie ihn wegen ihres Nützlichkeitsdenkens – allen voran sein Vater, der ihn aus dem Haus wirft – längst aufgegeben haben, erweisen sie sich als intolerant und borniert. Durch eine solche Haltung heimsen sich die Durchschnittsbürger von den Romantikern ihrerseits eine Art Schimpfwort ein. Sie werden als **Philister** bezeichnet:

Ihnen fehlt das rechte Einfühlungsvermögen für das wahrhaft Ästhetische und Poetische. Eichendorffs Taugenichts ist das genaue Gegenteil eines Philisters, hat er doch „den ewigen Sonntag im Gemüte". Sein Leben ist ausschließlich poetisch, d. h. gänzlich der ästhetischen Wahrnehmung, seinen Gefühlen, Träumen, Sehnsüchten und seiner Liebe gewidmet.

Antiheld

Die Hauptpersonen literarischer Werke werden gemeinhin als „Helden" bezeichnet. Um als „Held" zu gelten, muss die entsprechende Figur sich nicht notwendigerweise auch „heldenhaft" verhalten. Sie trägt diese Bezeichnung bereits dann zu Recht, wenn sie die fiktiven Handlungsabläufe, in die sie eingebunden ist, nachhaltig und aktiv prägt. In der Regel verfolgt ein „Held" darüber hinaus ein bestimmtes Ziel, das er mit den ihm zur Verfügung stehenden Mitteln zu erreichen sucht und dem er sich folglich in seinen Handlungen und Motivationen unterordnet.

Eichendorffs Taugenichts dagegen lebt, das zeigt gerade der Anfang des Textes sehr anschaulich, einfach so in den Tag hinein. Er verfolgt keine konkreten Ziele, er entwirft **keinen Lebensplan**, entwickelt keinerlei Zukunftsperspektiven. Jeweils der nächste Augenblick ist ihm der wichtigste, nach Selbstverwirklichung trachtet er nur im Hier und Jetzt. Die Begegnungen mit Menschen wie die Verwicklungen in Ereignisse laufen aus der Sicht des Taugenichts völlig chaotisch und unverständlich ab. Die Fäden der Handlung halten andere – vor allem die junge Gräfin Flora und ihr zukünftiger Ehemann – in der Hand. Ohne einen Finger gerührt zu haben, kann er sich am Schluss der Erzählung Schlossbesitzer nennen. Selbst als Liebender ergreift nicht er die Initiative, sondern die anderen arrangieren eine Art Verlobungsfeier und Aurelie ist es, die ihm schließlich um den Hals fällt und damit ihr Eheglück besiegelt.

Eichendorffs Taugenichts taugt nicht zum Helden, sondern definiert vielmehr das genaue Gegenteil davon: den **Antihelden**, der nicht handelt, sondern **passiv in Geschehensabläufe eingebunden** ist, die er weder begreift noch steuern kann. Aus moderner Sicht ist es beinahe skandalös, dass dies beim Taugenichts keinen Leidensdruck erzeugt, wie wir es besonders anschaulich z. B. aus Kafkas Texten kennen. Das Unverständnis für die äußeren Abläufe bildet vielmehr den Rahmen, aus dem der

Der Taugenichts (Jacques Breuer, r.) im Schloss (Szene aus der Verfilmung von 1977).

Taugenichts seinen Enthusiasmus schöpft: Glück ist für ihn, sich vom Leben begeistern zu lassen und nicht, das Leben zu verstehen.

Gesellschaftlicher Außenseiter

Die zunehmende Liberalisierung und Demokratisierung der Gesellschaft ist das wichtigste politische Ziel der Philosophen der **Aufklärung**. Sehr viel Vertrauen wurde in die Menschheit gesetzt, man glaubte, die Menschen würden beständig bestrebt sein, sich zu vervollkommnen. Ein möglichst vollkommener Mensch benötigt soziale und politische Rahmenbedingungen, die es ihm erlauben, sich selbst ungehindert zu verwirklichen. Da er sozial verantwortungsbewusst und vernünftig handelt, wird er die ihm übertragenen Freiheiten nicht missbrauchen. Er braucht, um es auf den Punkt zu bringen, möglichst wenig Staat.

Kaum ein Staat des 18. Jahrhunderts vermag das aufklärerische Vertrauen in das Gute im Menschen und in die Staatsordnung so rein widerzuspiegeln wie die Vereinigten Staaten von Amerika. Und nur wenige Texte vermögen dies so deutlich wie die Unabhängigkeitserklärung: "We hold these thruths to be self-evident, that all men are created equal, that they are endowed with certain unalienable rights, that among these are life, liberty and the pursuit of happiness."[2]

Die *Declaration of Independence* (1776) schreibt also nicht nur die allseits bekannten demokratischen Grundrechte auf Leben („life“), persönliche Freiheit („liberty“) und Gleichheit vor dem Gesetz („all men are created equal“) fest, sondern sieht es auch als das unveräußerliche Recht des Einzelnen an, sein Glück zu machen („the pursuit of happiness“). Glück bedeutet dabei die materielle und persönliche Entfaltung im Rahmen des Möglichen, ansonsten würde das Recht auf individuelles Glück für den Einzelnen sehr schnell in Frustration umschlagen.

Im Kontext der Aufklärung macht somit derjenige sein Glück, der in der Gesellschaft, in die er eingebunden ist, seinen Platz und seine Rolle gefunden hat, die ihm nach seinem Dafürhalten – er ist schließlich ein vernünftiges Wesen – zusteht. Sich selbst verwirklichen heißt also immer auch, seine Grenzen zu erkennen und anzuerkennen, also sich zu beschränken. Das hehre Ziel, sich selbst auszubilden und zu vervollkommnen steht auch für die Literatur der **Klassik** an oberster Stelle. Andererseits muss sich der klassische Mensch in die Gesellschaft und die Welt, in der er lebt, einpassen. Dies zeigt Goethe exemplarisch in seinen beiden Romanen um die Figur des **Wilhelm Meister**. Wilhelm zieht in die Welt, um sich selbst zu verwirklichen, um seinen Platz in der Gesellschaft zu finden. Anfangs hat er sehr hohe Ziele, ist von künstlerischen Ambitionen getragen, er erkennt aber sehr rasch seine Grenzen und lernt, sich auf das Mögliche zu beschränken. Dabei frustriert es ihn nicht, dass manche seiner Träume zerplatzt sind, vielmehr ist er glücklich darüber, erkannt zu haben, in welchem Wirkungskreis er sich als nützliches Mitglied der Gesellschaft entfalten kann.

Der **Taugenichts** verhält sich völlig anders. In seiner kindlich grenzenlosen Naivität nimmt er den aufklärerischen Gedanken, jeder habe das Recht, sein Glück zu machen, beim Wort. Er verhält sich dabei allerdings vollkommen **egozentrisch**, er trachtet nur nach individueller Entfaltung. Er fügt zwar niemandem Schaden zu, verwehrt sich aber vehement dagegen, ein nützliches Mitglied der Gesellschaft zu werden. Das erkennt der Leser am besten an der Art und Weise, wie er die Berufe des Gärtners und Zolleinnehmers ergreift, ausübt und nach kürzester Zeit wieder aufgibt. Er ist also der Gesellschaft buchstäblich zu nichts nütze. Schließlich ist er sogar seinem eigenen Vater zur Last gefallen, der ihn als „Taugenichts“ (S. 7, Z. 15) aus dem Haus geworfen hat, wohl in der Hoffnung, die Welt werde seinen missratenen Sprössling in die Schranken weisen und er werde am Ende reumütig – wie der verlorene Sohn in der Bibel – zurückkehren. Das Scheitern, das in diesem Hinauswurf einkalkuliert ist, wird jedoch nicht eintreten, die Rechnung des Vaters geht somit nicht auf. Denn am Ende erfüllt sich, was der Taugenichts eingangs prognostiziert: „wenn ich ein Taugenichts bin, so ist's gut, so will ich in die Welt gehen und mein Glück machen“ (S. 7, Z. 20–22).

Der Taugenichts erwirbt somit Glück, ohne in die Gesellschaft integrierbar zu sein, denn Glück ist für ihn nicht an materielle Werte oder an einen bestimmten sozialen Status geknüpft. Vielmehr ist er **sich selber das einzige Maß seines Glücks**. Das ist es vor allem, was ihn von den anderen unterscheidet. Eichendorff stellt den Taugenichts zwar als gesellschaftlichen Außenseiter dar, aber nicht als lebensfremden Sonderling. Der Taugenichts versteht es, sein Leben grandios zu meistern.

Der Taugenichts als gesellschaftlicher Außenseiter

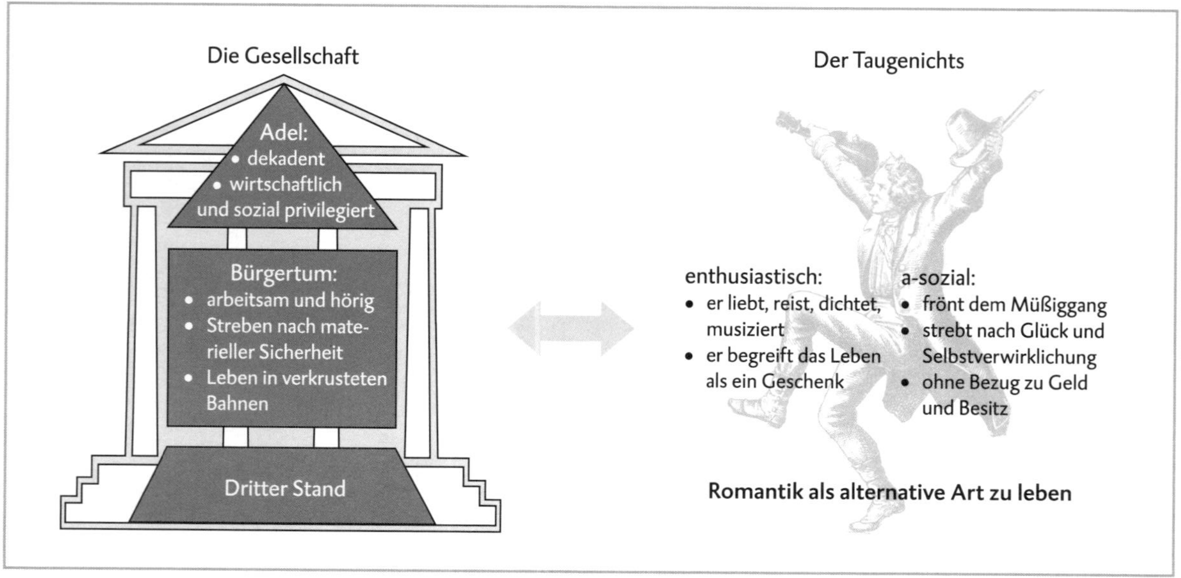

Religiöser Mensch

Eichendorff demontiert mit seiner Erzählung teilweise die radikale Dominanz der Vernunft, für die vor allem Denker wie Kant oder Schiller stehen, der die geistige Nachfolge der Aufklärung angetreten hat. Als Romantiker hat er erkannt, dass der Mensch in der Gefahr ist, sich psychisch zu deformieren, wenn er verlernt, sich von dem leiten zu lassen, was ihn, fern jeder Vernunft, innerlich beseelt.

Dieser Ton wird in Eichendorffs Erzählung bereits im ersten Lied des Taugenichts angeschlagen:

Wem Gott will rechte Gunst erweisen,
Den schickt er in die weite Welt.
Dem will er seine Wunder weisen
In Feld und Wald und Strom und Feld.
Die Trägen, die zu Hause liegen,
Erquicket nicht das Morgenroth,
Sie wissen nur vom Kinderwiegen
Von Sorgen, Last und Noth um Brodt.
[...]
Den lieben Gott laß ich nur walten;
Der Bächlein, Lerchen, Wald und Feld
Und Erd' und Himmel will erhalten,
Hat auch mein' Sach' auf's Best' bestellt! (S. 8, Z. 13–31)

Als rechter **Günstling Gottes** darf der gelten, der sein Leben nicht in der Erfüllung der alltäglichen Pflichten fristet, sondern hinauszieht, um wahrhaft zu erleben, dass die Welt in ihrer alltäglichen Beschaffenheit bereits ein göttliches Wunder darstellt. Der kleinbürgerliche Lebenswandel verbaut dem Menschen geradezu den Blick dafür, dass Gott einen jeden unmittelbar umgibt. „Feld, Wald und Strom" dienen den Menschen oft nur noch dazu, ihr tägliches Brot zu erarbeiten, sie vergessen darüber, dass auch ein simples „Morgenroth" den Menschen schon „erquicken", d. h. – versteht man dieses Verb in seiner biblischen

Verwendung – (seelisch) sättigen, stärken kann. Die Abwendung von einem geregelten Lebenswandel, dessen Notwendigkeit jedem Heranwachsenden zu Genüge eingebläut wird, rechtfertigt und ermöglicht sich dem lyrischen Ich dadurch, dass es zweifelsfrei **auf Gott vertraut**. Es ist felsenfest davon überzeugt, dass Gott die eigene „Sach' auf's Best'" bestellt hat, also für sein individuelles Wohlergehen sorgen wird. Diese Haltung, die auf den ersten Blick hin naiv und weltfremd wirken mag, ist so bedingungslos auf den reinen, christlichen Glauben, dessen Wirksamkeit sich rein verstandesmäßig nicht erklären lässt, reduziert, dass sie den Taugenichts auf eine Ebene mit den frühen Jüngern Christi stellt, die für den heutigen Leser oft auch völlig unverständlich reagiert haben, als sie teilweise ihre materiellen Sicherheiten aufgaben, nur um Jesus nachzufolgen. Trotz solcher Parallelen darf man allerdings im Taugenichts **keinen religiösen Schwärmer** sehen, denn er zieht nicht in die Welt hinaus, um Gottes Wort zu verkünden. Der Taugenichts nimmt Jesu Botschaft beim Wort und lebt es vorbehaltlos.

Auch in seiner Religiosität lässt sich der Taugenichts nicht gängeln. Um die Gebote der Kirche kümmert er sich so wenig wie um soziale Normen, da er institutionell verordnete Frömmigkeit scheut. Für ihn sind selbst Gotteserfahrungen spontane, unerwartete Erlebnisse:

> – *Ich stand nunmehr, ganz wider meine sonstigen Gewohnheiten, alle Tage sehr zeitig auf, eh' sich noch der Gärtner und die anderen Arbeiter rührten. Da war es so wunderschön im Garten. Die Blumen, die Springbrunnen, die Rosenbüsche und der ganze Garten funkelten von der Morgensonne wie lauter Gold und Edelstein. Und in den hohen Buchen-Alleen war es noch so still und kühl und andächtig wie in einer Kirche […].* (S. 13, 29–14, 6)

Was den Taugenichts so früh aus den Federn treibt, ist die Tatsache, dass er sich zum ersten Mal verliebt hat. Er versucht, in den frühen Morgenstunden seinen Träumen und Sehnsüchten nachzugehen und natürlich, wenn möglich, einen Blick von seiner Aurelie zu erhaschen. Was ihn an diesem Morgen allerdings überwältigt, ist nicht das Ungestüm seiner unerwiderten Gefühle, sondern die von Gott und den Menschen vor Ort erschaffene Natur. Diese Szene „verwirklicht“ das oben zitierte Lied. Hier erfährt er am eigenen Leib, wovon er kurz zuvor bloß gesungen hat, er erlebt ein „Morgenroth“, das ihn „erquickt“. Die Morgensonne verwandelt den Garten in etwas einmalig Kostbares, das nur er allein erleben darf. Ihm wird die Natur selbst zum heiligen Raum, sein **Naturerlebnis zum Gottesdienst**.

In den Gedanken und Gefühlen des Taugenichts entdeckt der Leser eine **tiefe, absolute Gottesfürchtigkeit**. Man sollte jedoch seine Art der Religionsausübung nicht als weltlich bezeichnen. Am Beispiel des Taugenichts wird vielmehr demonstriert, dass der Glaube, der zur Zeit Eichendorffs auch von der Kirche selbst zu verstandesbetont vermittelt wurde, aus den Köpfen in das Empfinden der Menschen zurückkehren muss.

Enthusiast

Schwermut ist Gedankenverhinderung, so könnte das Lebensmotto des Taugenichts lauten. Zu sehnen, zu schwärmen und zu träumen sind seine Lieblingsbeschäftigungen. Was ihn vor allem von seinen Mitmenschen unterscheidet, ist die Fähigkeit, jeder Situation etwas abzuringen, wofür er sich begeistern kann. Der Enthusiasmus ist der Motor seines Handelns, Denkens und Fühlens. Jeden Augenblick seines Lebens beurteilt er so, dass er selbst widrigsten Ereignissen etwas Positives abgewinnen kann. Seine **Begeisterungsfähigkeit**, die nicht zuletzt von einer enormen Sprunghaftigkeit im Denken herrührt, lässt sich besonders schön an den ersten beiden Kapiteln ablesen:

Als ihn sein Vater z. B. vor vollendete Tatsachen stellt und aus dem Hause wirft, wendet er dieses Desaster sofort in sein Gegenteil und nimmt sich vor, in die Welt zu gehen und sein

Glück zu machen (S. 7, Z. 21 f.). Erhobenen Hauptes und voller Zuversicht zieht er los, ohne zu wissen, wohin er sich eigentlich wenden soll. Kaum ist er eine nennenswerte Strecke gewandert, wird er bereits von zwei Damen aufgelesen. Seine Begeisterung darüber löst z. B. einen seltsamen Freudentaumel aus:

> *Hinter mir gingen nun Dorf, Gärten und Kirchthürme unter, vor mir neue Dörfer, Schlösser und Berge auf; unter mir Saaten, Büsche und Wiesen bunt vorüberfliegend, über mir unzählige Lerchen in der klaren blauen Luft – ich schämte mich laut zu schreien, aber innerlichst jauchzte ich und strampelte und tanzte auf dem Wagentritt herum, daß ich bald meine Geige verloren hätte, die ich unterm Arme hielt.* (S. 9, Z. 24–31)

Er gebärdet sich dabei ausgelassen wie ein Kind und geniert sich nur, seine Freude lauthals zu verkünden. In die ungewohnten optischen Eindrücke der Kutschfahrt steigert er sich so hinein, dass er diese Art zu reisen wie einen gewaltigen Geschwindigkeitsrausch empfindet, was in dieser Intensität übertrieben ist.

Als er kurze Zeit darauf vom Gärtnersgehilfen zum Zolleinnehmer seiner Herrschaft befördert wird, kann er sich sogar für die Pflichten eines bürgerlichen Lebens begeistern. Interessant ist an dieser Stelle die Dynamik, in der seine Gedanken Haken schlagen:

> *So saß ich denn da und dachte mir mancherlei hin und her, wie aller Anfang schwer ist, wie das vornehmere Leben doch eigentlich recht kommode sei und faßte heimlich den Entschluß, nunmehr alles Reisen zu lassen, auch Geld zu sparen, wie die andern, und es mit der Zeit gewiß zu etwas Großem in der Welt zu bringen. Inzwischen vergaß ich über meinen Entschlüssen, Sorgen und Geschäften die allerschönste Frau keineswegs.*
> *Die Kartoffeln und anderes Gemüse, das ich in meinem kleinen Gärtlein fand, warf ich hinaus und bebaute es ganz mit den auserlesensten Blumen, worauf mich der Portier vom Schloß […] bedenklich von der Seite ansah, und mich für einen hielt, den sein Glück verrückt gemacht hatte.* (S. 20, Z. 26–21, 10)

Zunächst lässt sich der Taugenichts ganz auf die Vorstellung eines erfüllten und erfolgreichen bürgerlichen Lebens ein. Er sinniert darüber, wie schön es wäre, so wie alle anderen zu sein. Doch das Rationale hat für ihn keinen verbindlichen Charakter. Denken ist für ihn nicht gleichbedeutend mit Handeln. Es heißt nur, Möglichkeiten des Handelns auszuloten. Er entscheidet sich, wenn man dieses Verb hier überhaupt verwenden kann, für das, was ihm sein Gespür eingibt. Er ist **kein vom Nutzdenken geprägter Mensch**. Nützlich ist ihm nur, was Sinne und Einbildungskraft anregt und Begeisterung erzeugen kann – und Kartoffeln und andere Gemüsearten haben für ihn keine empfindsamen Reize.

Er will mit seinen Blumengebinden nicht nur die Aufmerksamkeit seiner Aurelie erregen, er versucht auch das ästhetische Niemandsland, das ihn umgibt, zu begrünen. Sein kleiner Blumengarten ist folglich ein feines Zeichen der Auflehnung eines romantischen Menschen gegen eine Gesellschaft, die verlernt hat, sich am Alltäglichen zu begeistern.

Zeitgenössische Federlithografie von Adolf Schroedter

3 Motive und zentrale Aspekte

Die Mühle

Erzählanfänge tragen in den meisten literarischen Werken bereits die wichtigsten Informationen des Textes bezüglich dessen Handlungsort, Personen und Handlungsablauf in sich.

Es ist folglich für die gesamte Erzählung bedeutsam, dass Eichendorff sie mit dem Motiv der Mühle beginnen lässt, in dessen Zusammenhang er auch das soziale und familiäre Umfeld des Taugenichts absteckt. Er ist als Müllerssohn in einer Mühle aufgewachsen. Oberflächlich betrachtet wird die Mühle in den ersten Zeilen der Erzählung als bloßes romantisches Requisit aufgeführt, das einen bestimmten Stimmungswert vermitteln soll (vgl. S. 7, Z. 1–12). Doch eine solche vereinfachende Lesart würde übersehen, dass in der Romantik Wörter niemals nur konkret, sondern immer auch als bildliche Formeln gelesen werden müssen.

Beginnen wir mit dem Naheliegensten, blicken wir zunächst in ein geläufiges Wörterbuch: In einer „Mühle" wird „gemahlen". Mahlen bedeutet erstens „zerkleinern, zerreiben" und zweitens „sich drehen, ohne vorwärts zu kommen"[3]. Beide Bedeutungen finden sich in Eichendorffs *Taugenichts* wieder und lassen sich konkret zuordnen: Für den Müller stellt das Zerreiben des gelieferten Getreides den Kern seiner Arbeit und die Grundlage seines Einkommens dar. Dem Taugenichts bedeutet der ewige Alltagstrott, der wie die **Bewegung des Mühlrades gleichförmig, stumpfsinnig und langweilig** ist, dass er sich in seiner Entwicklung wie in seinen Lebensperspektiven wie ein Mühlrad nicht vom Fleck bewegt.

In *Aus dem Leben eines Taugenichts* geht es dem Autor folglich nur vordergründig um die Darstellung des Lebenswegs eines Einzelnen. Das Personal seiner Erzählung markiert vielmehr den markanten Riss, der die Menschheit in zwei Hälften teilt, die einander unvereinbar gegenüberstehen: in Philister und Romantiker.

Die Mühle – ein Ort des Widerspruchs

Philister

- Hier mahlen die Mühlen des Kapitalismus.
- Das Mühlrad verbildlicht eine Bewegung, die eigentlich Stillstand markiert.
- Der Müller ist der Inbegriff des spießbürgerlichen Philisters.

Romantiker

- Mühlen liegen idyllisch und meist abgelegen inmitten der freien Natur.
- Die Mühle ist ein zwangloser Ort der Begegnung und des Austausches von Gedanken und Neuigkeiten.
- Dadurch werden Sehnsucht und Fernweh geweckt.

An der **Darstellung des Müllers**, dem in seinem Arbeitseifer die Schlafmütze immer noch „schief auf dem Kopfe sitzt“ (S. 7, Z. 14), erkennt der findige Leser bereits die **Karikatur**. So wird bereits in den ersten Zeilen, in denen eigentlich noch nichts Nennenswertes geschieht, deutlich, welchem Lager sich der Autor zuordnet. Es geht ihm darum, dem Leser an einer exemplarischen Lebensgeschichte zu zeigen, weshalb die romantische Befindlichkeit gegenüber der Welt der Philister vorzuziehen ist.

Des Weiteren könnte sich der Leser nun fragen, wie dem „missratenen“ Sohn die romantischen Flausen in den Kopf gestiegen sind, wo sein häusliches Umfeld doch einen soliden und gutbürgerlichen Eindruck erweckt. So abgelegen manche Mühlen auch gewesen sein mögen, sie waren immer **Orte der Begegnung**. Hier trafen sich Lieferanten und Kunden, Bauern, Bäcker und vielleicht auch Reisende, hier wurden Preise ausgehandelt und Nachrichten wie der neueste Klatsch wurden ausgetauscht. Allein die Gespräche und der stattfindende Ideenaustausch, die wohl eine willkommene Abwechslung im Alltagstrott der Landbevölkerung waren, geben der statischen Welt, die sich zwar wie ein Mühlrad dreht, aber nicht von der Stelle kommt, einen gewissen Grad an Dynamik. Möglicherweise haben manche solcher Gespräche den Horizont des heranwachsenden Taugenichts erweitert, seine Gedanken angeregt und beflügelt, Wunschträume hervorgerufen und, das ist vielleicht das Wichtigste, bereits seine gedankliche Loslösung vom Elternhaus eingeleitet.

Die Mühle ist somit ein **in sich widersprüchlicher Ort:** Dort dreht sich für den Vater alles um Arbeit. Dem Räderwerk der Zermalmungsmaschinerie, der geregelten Organisation von Produktionsabläufen gehört die ganze Hingabe des Müllers. Dies hat zur Folge, dass er sich auch in seinen offensichtlich kleinbürgerlich-intoleranten Lebensansichten nur im Kreis dreht.

Ganz anders wirkt sich dieser Ort auf den Taugenichts aus. Er hat nicht verlernt zuzuhören, er lässt sich noch von den Menschen, denen er begegnet, und ihren Geschichten begeistern. Dadurch ist er weltoffen geblieben und nicht so verbohrt und starrsinnig geworden wie sein Vater. Der Taugenichts hat keine Angst davor, die angeblich wohlbehütete familiäre Umgebung zu verlassen – wohl auch deswegen, weil er ahnt bzw. erfahren hat, dass Arbeit nicht der alleinige Sinn des Lebens sein darf.

Das Grundschema der Handlung greift auf bestehende Erzählmuster zurück. Eine episodenhafte Individualbiografie, die als abenteuerliche Reise aufgebaut ist und in einer Eheschließung ihr (vorläufiges) Ende findet, kennt der zeitgenössische Leser zum Beispiel aus dem sogenannten **Schelmenroman**. Eine der Kernaussagen des Schelmenromans wie auch des *Taugenichts* besteht in ihrer unverhohlenen Kritik eines bestimmten Personenkreises und ihrer Wertvorstellungen.

Parallelen zum **Märchen** sind im Falle des *Taugenichts* ebenfalls schnell gefunden, man denke nur z. B. an *Der gestiefelte Kater* von Charles Perrault. Hier ist es auch ein Müllerssohn, der, weil er „nur“ den Kater seines Vaters erbt, von zu Hause auszieht, um sein Glück zu machen, und schließlich als Schwiegersohn des Königs ein glückliches Ende feiern darf.

Märchen sind fiktive Texte ohne zeitliche Festlegung. In ihnen greifen übernatürliche Gewalten in das Alltagsleben ein und formen es zu etwas Fantastisch-Wunderbarem um. Sie funktionieren nach denkbar einfachen Gesetzen: Die Welt ist zweigeteilt, sie besteht aus den Guten, die mit Wohlwollen und Sympathie begleitet werden, und aus den Bösen, die sich spürbarer Antipathien sicher sein können; die Guten werden belohnt und die Bösen bestraft; widrige Ausgangssituationen wenden sich zum Positiven; die Helden sind stets lautere, untadelige Charaktere, die das Gute in der Welt vertreten. Im Zeitalter der Romantik gelten Märchen als bewusste Poetisierungen der Welt, die die alltägliche Wirklichkeit durchbrechen, durch ihre ungezügelte Bildhaftigkeit erweitern und ästhetisch aufwerten.

Viele dieser Charakteristika kehren in der Eichendorffschen Erzählung analog wieder: Auch die **Welt** seines *Taugenichts* ist **zweigeteilt**, sie zerfällt in den Bereich der Philister und in das Reich des Romantischen. Die Sympathien des Lesers werden klar für den romantischen Titelhelden geweckt, während die Philister mit Spott und Kritik belegt werden. Der Taugenichts ist, wie ein **typischer Märchenheld**, ein ehrlicher Charakter, der sich nie etwas zuschulden kommen lässt und der für das Gute in der Welt, für das Romantische, einsteht. Am Ende wendet sich die widrige Ausgangssituation, der Hinauswurf aus dem Elternhaus, zum Positiven. Nicht nur die Eheschließung mit seiner innig geliebten Aurelie wird ihm in Aussicht gestellt, er erhält obendrein sogar noch eine ansehnliche Mitgift.

Bezüglich anderer Märchenkennzeichen werden jedoch vielsagende Veränderungen vorgenommen: Obwohl das Erzähltempus des *Taugenichts* mit dem des Märchens identisch ist, ist Eichendorffs Erzählung **zeitlich fixierbar**. Man kann sie in der Zeit um 1800 ansiedeln, das belegen z. B. Anspielungen auf den Malerkreis der Nazarener in Rom oder auf aktuelle Moden wie das Nachstellen von Gemälden. Dadurch lässt sich der Text nicht mehr in das zeitlos ferne Präteritum des Es-war-einmal entrücken, in dem das Unglaubliche möglich wird. Übernatürliche Einflüsse würden im *Taugenichts* lächerlich wirken. Deshalb darf hier das Wunderbare auch nicht mit fantastischen Elementen in die Alltäglichkeit einbrechen.

Die **Poetisierung der Welt** vollzieht sich bei Eichendorff als **Bewusstseinsverschiebung**. Der Leser lernt die Welt mit anderen Augen, nämlich mit denen des Taugenichts, zu sehen. Diese veränderte Wahrnehmung erreicht Eichendorff durch den Wechsel der Erzählsituation. Während Märchen stets von auktorialen Erzählern vorgetragen werden, tritt der Taugenichts als Ich-Erzähler auf, der seine Umwelt nicht bloß als Wirklichkeit, sondern als etwas Wunderbares, als etwas Poetisches erlebt. Der romantische Mensch begreift die Welt, die für die Philister zur einer berechenbaren Dimension verkümmert ist, als Märchen.

Auch in weiteren Werken Eichendorffs taucht die „Mühle" als Schlüsselbegriff auf. Eichendorff ist ein überzeugter und gläubiger Katholik, der die Säkularisierung der Wissenschaften, d. h. die Trennung von Wissen und Glauben im Prozess der Aufklärung, die vor allem von protestantischen Geistesgrößen geprägt worden ist, als eine dem Menschen schädliche Entwicklung bewertet. In seiner *Geschichte der poetischen Literatur Deutschlands* verwendet er den Begriff „Mühle" relativ ungewöhnlich: als theologische Sprachformel. Er bezieht dabei eine Textstelle aus *Die Christenheit oder Europa* (1799) von Novalis in seine Argumentation ein, wohl um dadurch seinen Ausführungen mehr Überzeugungskraft zu verleihen:

> *der Religions-Haß dehnte sich sehr natürlich und folgerecht auf alle Gegenstände des Enthusiasmus aus, verketzerte Phantasie und Gefühl, Sittsamkeit und Kunstliebe, Zukunft und Vorzeit, setzte den Menschen in der Reihe der Naturwesen mit Not obenan, und machte die unendliche schöpferische Musik des Weltalls zum einförmigen Klappern einer ungeheuren Mühle, die vom Strom des Zufalls getrieben, und auf ihm schwimmend, eine Mühle an sich, ohne Baumeister und Müller, und eigentlich ein echtes Perpetuum mobile, eine sich selbst mahlende Mühle sei.*[4]

Mit „Religions-Haß" ist die einseitige Versteifung des modernen, d. h. des aufgeklärten Menschen auf Vernunft und Erfahrung gemeint. Gefühl und Verstand werden zwar im philosophischen Denken des 18. Jahrhunderts zusammengedacht. Doch die Einheit von „Kopf und Herz", von „Verstand und Gefühl", von „Pflicht und Neigung", und wie sonst man es auch immer formuliert hat, ist eine trügerische Synthese, die stets von der letztlichen Dominanz der Vernunft ausgeht. Hieraus ist für die Romantiker das **Horrorszenario des rationalen Menschen** entstanden. Dieser ist sich selbst fremd, weil ihm seine wahre

„Psyche“ (griechisch für: Gemüt, Seele) dadurch fremd geworden ist, dass er sich den Zugang zu seinem Inneren durch die Überschätzung seines Verstandes verbaut hat.

Das hat zur Folge, dass er keinen Sinn mehr für die Schöpfung und das Walten Gottes in der Welt hat. Wenn für den rationalen Menschen „die unendliche schöpferische Musik des Weltalls zum einförmigen Klappern einer ungeheuren Mühle“ wird, wenn also Musik zum monotonen Geräusch verkommt, dann heißt das, dass er die göttliche Botschaft zwar wahrnimmt, ihm aber der Glaube daran abhanden gekommen ist. Das Bild von der Mühle, die sich selbst mahlt, steht hier als Drohbild eines aufkeimenden Atheismus und Nihilismus, dem die Romantiker um jeden Preis entgehen wollen.

Sie haben das griechische Wort „Psyche“ in seiner ursprünglichen Bedeutung als „Gemüt, Seele“ beim Wort genommen und die **emotionale Verfassung** des Menschen stets auch **an seine Religiosität gekoppelt**. Mit dem Taugenichts führt uns Eichendorff einen Menschentypus vor, der rückwärts gewandt ist, weil er sich nicht der gottlosen, optimistischen Zukunft zuwendet, die ihm die Aufklärung weist, sondern einen großen und bewussten Schritt zurück in eine Phase der Ursprünglichkeit und Unwissenheit geht. Im Falle des Taugenichts ist der Verstand wieder in die Seele heimgekehrt. Der Taugenichts verlässt den Ort des einförmigen und für ihn sinnlosen Klapperns der väterlichen Mühle und bricht auf in die Welt, um die „unendliche schöpferische Musik des Weltalls“ in sich aufzunehmen.

Mittels der hier ausgewählten textuellen und intertextuellen Bezüge erschließt alleine schon das Motiv der Mühle, das zu Beginn der Erzählung einen signifikanten Platz einnimmt, den gesamten Kosmos Eichendorff'scher Romantik. Man erkennt daran, dass die romantischen Formeln Eichendorffs wie Eisbergspitzen nur wenig aus der Textoberfläche hervorragen, aber von oft erstaunlicher Tiefe sind.

Das Wandern

Wie ein roter Faden führt sein Wandern den Eichendorff'schen Titelhelden durch die Welt. Doch er ist kein gewöhnlicher Reisender. Er ist der **planloseste Wanderer der deutschen Literatur:** ohne ein bestimmtes Ziel, ohne Fremdsprachenkenntnisse, ohne ein Verhältnis zu Geld und ohne die einfachsten geografischen Kenntnisse. Der Taugenichts erlebt diese Wanderung, die er als fiktiver Ich-Erzähler beschreibt, wie ein Geflecht von Wegen, die sich auf wundersame Weise verzweigen und ihn schließlich wie von Geisterhand seinem Glück zuführen. Er begreift vieles nicht, was um ihn und mit ihm passiert, denn er wandert nicht nach einem geordneten Plan, sondern reist auf völlig turbulente, chaotische Weise. Er bewegt sich **wie in einem Labyrinth**, in dessen Zentrum er sich endlich mit Aurelie vereint.

Die Kopflosigkeit, mit der sich der Taugenichts durch die Welt bewegt, ist derart überzeichnet – die Hyperbel ist das rhetorische Stilmittel der Übertreibung – dass der Leser dahinter unschwer die **Formelhaftigkeit solchen Wanderns** erkennt.

Das Tätigkeitsverb „wandern" spaltet sich in sehr vielschichtige Bedeutungsebenen auf:

konkrete Bedeutung von „wandern"	**übertragene Bedeutung von „wandern"**
• (weite Strecken) zu Fuß gehen • umherziehen, ohne festen Wohnsitz sein	• schweifen (Blicke können „wandern") • weitergegeben werden, sich verbreiten (Märchenmotive können von einem Kulturkreis in einen anderen „wandern")

Diese Bedeutungsvielfalt lässt sich mühelos auch auf den Eichendorff'schen Text übertragen: Weil er über wenig Geld verfügt, ist der Taugenichts gezwungen, sich zu Fuß durch die Welt zu bewegen, auf bequeme Verkehrsmittel kann er selten ausweichen.

Nach seinem Hinauswurf aus der väterlichen Mühle bleibt er ein Vagabund, bis ihm am Schluss mit dem „weißen Schlösschen“ (S. 129, Z. 27), dem Hochzeitsgeschenk des Grafen, ein fester Wohnsitz zugewiesen wird – ob er diesen nutzen wird, ist allerdings mehr als fraglich (vgl. S. 130, Z. 24–26).

Als Romantiker erlebt der Taugenichts die Welt nicht nur als Realität, sondern zugleich als etwas Wunderbares. Erlebnisse setzen in der Regel Sinnestätigkeiten wie Sehen, Hören, Riechen, Schmecken, Tasten oder Fühlen voraus. Das individuelle Sinnenbewusstsein eines Menschen, d. h. seine Fähigkeit, sinnliche Reize wahrzunehmen, reguliert den Grad der Intensität, mit der er für seine Umwelt sensibel ist. Während der Müller ein stumpfsinniger Mensch ist, der für die Schönheiten der Natur nichts übrig und nur Sinn für seine Arbeit hat, ist sein Sohn, der Taugenichts, ein in hohem Maße sensibler Mensch, der – das zeigen bereits die ersten Zeilen des Textes – die Natur stets als etwas Poetisches wahrnimmt. Das Wandern ist für den Taugenichts nicht zu einer rein körperlichen Tätigkeit verkümmert, bei ihm wandern nicht nur die Beine, er lässt dabei auch seine Sinne unablässig schweifen, um seine Umwelt als etwas Wunderbares erfahren zu können. Für den Romantiker definiert sich das Wandern als **aktivierte Sinnestätigkeit**.

In jedem Menschen steckt ein potenzieller Romantiker, da die physiologischen Anlagen zur Sinnestätigkeit und zur Erschließung von Bedeutungszusammenhängen in jedem Menschen angelegt sind. Diese sinnlichen und rationalen Fähigkeiten müssen nur entsprechend geweckt und vernetzt werden. Eichendorff demonstriert in seiner Erzählung, dass **Romantik**, verstanden als eine bestimmte Lebensweise, auch **an andere Menschen weitergegeben werden** und sich so verbreiten kann. Romantik kann bis zu einem gewissen Grad ansteckend sein. Da wäre na-

Wandern

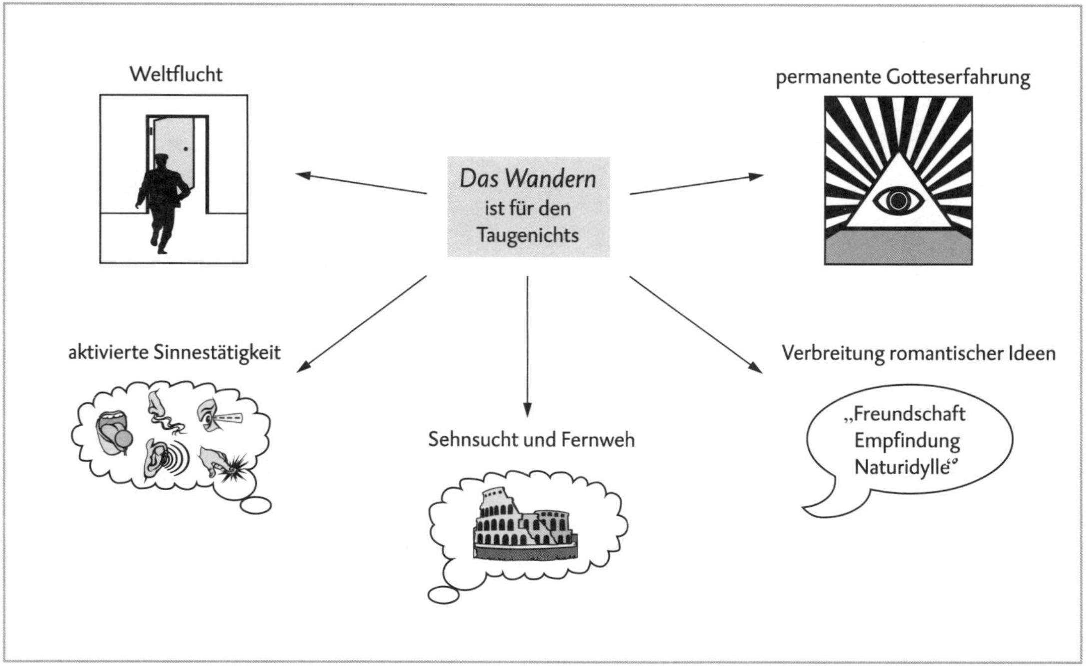
Das Wandern
ist für den
Taugenichts
Weltflucht
permanente Gotteserfahrung
aktivierte Sinnestätigkeit
Sehnsucht und Fernweh
Verbreitung romantischer Ideen
„Freundschaft
Empfindung
Naturidylle“

türlich in erster Linie an Aurelie zu denken, die, obwohl sie in einem feudalen, dekadenten Umfeld aufwächst, von den ersten, bewussten Augenblicken an in den Bann des Taugenichts und damit auch in den Bann der Romantik gerät:

> *und da geschah es denn oft, daß die schöne Frau mit der Guitarre oder einem Buche in der Ferne wirklich durch den Garten zog, so still, so groß und freundlich wie ein Engelsbild, so dass ich nicht recht wußte, ob ich träumte oder wachte.*
> *So sang ich auch einmal, wie ich eben bei einem Lusthause zur Arbeit vorbey ging, für mich hin […] Da seh' ich aus dem dunkelkühlen Lusthause zwischen halbgeöffneten Jalousien und Blumen, die dort standen, zwei schöne junge frische Augen hervorfunkeln. Ich war ganz erschrocken […].*
> (S. 12, Z. 16–S. 13, Z. 2)

Die erste Unterbrechung seines Wanderweges ist sein kurzer Aufenthalt auf dem Schloss. Dort kommt es zu keinem Treffen zwischen dem Taugenichts und seiner Aurelie. Sie umschleichen sich ständig vorsichtig abwartend und aus einer ehrfürchtigen Distanz, die eine unmittelbare Kommunikation nicht zulässt. In der Fantasie des Taugenichts wird Aurelie buchstäblich zu einem Engel. Aurelies Gedanken sowie ihre tatsächliche Identität kann der Text hier natürlich nicht preisgeben, da alles aus der Sicht der Titelfigur geschildert wird. Deshalb setzt Eichendorff an dieser Stelle mit dem Funkeln der Augen ein markantes, vielschichtiges Zeichen. Denn die Intensität dieses Blicks verknüpft der Taugenichts sofort mit Aurelie. Er lässt ihn hoffen, dass sie seine Gefühle erwidert. Diese Vorgänge lassen sich unschwer als Ausdruck gegenseitiger Unsicherheit und Schwellenangst deuten. Aus der Ferne kann jeder den anderen zum Wunschbild eigener Sehnsüchte stilisieren. Eine reale Begegnung könnte solche Träume jäh zerplatzen lassen.

Die Liebe zwischen Aurelie und dem Taugenichts realisiert sich zu Beginn des Textes als **Sehnsucht**. Das ist deshalb so bedeutsam, weil diese wichtigste aller romantischen Gefühlslagen der **Motor für die romantische Befindlichkeit** ist. Und wenn sich der Taugenichts am Schluss, kaum dass er Aurelie tatsächlich in den Armen hält, dem Ort der Erfüllung durch seine erneuten Reisepläne nach Italien sogleich wieder entziehen will, dann reagiert Aurelie wiederum sehr bezeichnend: „– Sie lächelte still und sah mich recht vergnügt und freundlich an“ (S. 130, Z. 26 f.)

Die Eichendorff'sche Wortwahl deutet eine eher verhaltene Reaktion an: Aurelie „lächelt still“, lacht aber nicht. Das Adverb „recht“ kann zwei zueinander widersprüchliche Bedeutungen tragen. Es kann die nachfolgenden Adjektive „vergnügt und freundlich“ im Sinne von „sehr“ steigern oder im Sinne von „einigermaßen“ merklich abschwächen. Aurelies Worte lassen jedenfalls keinen Sturm der Begeisterung erkennen. Sie sind im Vergleich zum Enthusiasmus des Taugenichts an dieser Stelle sehr zurückhaltend. Wie man ihre Haltung zu den Plänen ihres Zukünftigen auch immer interpretieren mag, fest steht nur, dass sie keine Antwort gibt. Nun würde aber der Text die ihm stets zugeschriebene Aussagekraft mit einem Mal verlieren, wollte Eichendorff durch Aurelies Schweigen nur die Illusion eines intakten romantischen Universums über das Textende hinweg retten. Aurelie ist durch ihre Liebe unweigerlich auch in den Sog des Romantischen geraten. Sie hat zumindest einen hohen Grad an Toleranz und Verständnis entwickelt, wenn sie am Schluss schweigt. Vielleicht will Eichendorff mit ihrer Art zu antworten ausdrücken, dass es letztlich gar nicht so sehr darauf ankommt, wann und ob sie überhaupt nach Italien reisen werden, wichtig ist nur, dass sie den Taugenichts weiter träumen und sehnen lässt, ihn nicht vor den Kopf stößt oder seine Fantasie in Ketten legt. In diesem Sinne hätte sich zumindest die Notwendigkeit des Sehnens vom Taugenichts auch auf Aurelie übertragen.

Eine gänzlich andere, zugleich viel abstraktere Vorstellung des **Wanderns als Verbreitung des Romantischen** kann folgender Ausschnitt aus der Rom-Episode vermitteln. Maler Eckbrecht, der den Taugenichts gastlich aufnimmt, wendet sich in einem der Gärten vor den Toren Roms in einer Stegreifrede an den Taugenichts. Von der Vielzahl der Vergleiche, die in dieser bisweilen etwas überdrehten, exzentrischen Rede bemüht werden, sei hier nur der bedeutsamste herausgegriffen: „Manche könnten zwar meinen," fuhr er fort, „du sey'st ein bloßer Jüngling (...) ich halte dich für ein vazirendes Genie" (S. 98, Z. 11 f. und Z. 19 f.).

Der Maler stellt fest, dass der Taugenichts mehr ist als nur ein landstreichender Müllerssohn mit Flausen im Kopf. Er setzt ihn durch das Verb „halten für" mit der Formel „**Genie**" gleich. Als Genius gilt in der römischen Mythologie ein Geist, der über Geburt und Leben eines Mannes wacht und dadurch zum höheren Ich dieses Menschen wird. Das höhere Ich eines dem Taugenichts ähnlichen Menschen wäre das Romantische in seinem gesamten Bedeutungsumfang. Da der Taugenichts aber dieser Genius selbst ist, ist er eben sehr viel mehr als ein etwas überdrehter Heranwachsender, er ist zugleich die **Personifikation des Romantischen**, d. h. durch ihn wird dieser abstrakte Begriff überhaupt erst lebendig und für die Menschen nachvollziehbar. Wenn also der Taugenichts durch die Welt wandert, dann verbreitet er durch seine bloße Anwesenheit in ihr bereits das Romantische.

In Eichendorffs Erzählung wird der abstrakte Begriff des Romantischen nicht definiert, sondern ausschließlich durch die allegorische Figur des Taugenichts veranschaulicht und nur auf diese eine Weise nachvollziehbar. Denn das **Romantische** ist **ein Erregungszustand, ein Erlebniswert**, der nicht als lebloser Begriff in Lexika verwaltet werden darf.

Literarische Vorlagen zum Wandermotiv im *Taugenichts* findet man vornehmlich in den Texten des Mittelalters, dessen kulturellem Erbe die Romantiker sich besonders verpflichtet fühlten.

Die **Minnesänger** und **Poeten des Mittelalters** waren fahrende Gesellen. Ihre Kunst war in erster Linie eine mündliche Kultur. Um Texte aufzuschreiben, bedurfte es eines reichen Geldgebers, der sich Verse auf Pergament gewissermaßen als einen exklusiven Luxusartikel leisten wollte. Verfasste ein Dichter ein Werk schriftlich, so gehörte es damit seinem Geldgeber. Die Spärlichkeit, mit der teilweise z. B. die mittelalterliche Lyrik überliefert ist, beweist die Dominanz mündlicher Verbreitung. Der Taugenichts steht nun in eben dieser Tradition der Mündlichkeit. Er ist im Gegensatz dazu aber kein Sänger, der in gesellschaftlich gehobenen Kreisen verkehrt. Er ist vielmehr der Vertreter einer **volkstümlichen, lebensnahen Kunst**. Er singt eigene und fremde Lieder und bedarf dazu höchstens noch seiner Geige. Seine Texte sind dabei stets kontextgebunden. Das Singen und seine Verse sind ihm in der jeweiligen Situation ein wahres Anliegen. Er verkörpert eine Kunst, die als Bedürfnis unmittelbar dem Leben entspringt.

Die hier angesprochene Volkstümlichkeit der Romantiker ist allerdings ein in sich recht widersprüchliches Phänomen: So eng sie sinnlich vor allem den einfachen Menschen und ihrem ursprünglichen Leben verbunden sein mögen, so sehr verabscheuen sie allerdings auch die pragmatische Lebensführung der arbeitenden Bevölkerung und ihre Werte.

Die schnöde, von den Philistern und ihrem erstarrten Ordnungsdenken beherrschte Wirklichkeit übt auf die Gemüter der Romantiker einen starken Leidensdruck aus, dem sie durch Fernweh zu entkommen suchen. Die Bildformel, die diese Neigung, der Realität zu entfliehen, veranschaulicht, ist ebenfalls das Wandern. **Romantisches Wandern** ist entgegen unserer üblichen Vorstellung eine **ziellose Art der Bewegung**, obwohl man dabei wie z. B. der Taugenichts unweigerlich eine Vielzahl von Etappenzielen ansteuert. Es liegen eben nun einmal nicht nur Wälder, Auen und Flüsse auf dem Weg, sondern auch Städte und kleinere Ortschaften voller Philister. Weil aber nun jeder dieser vorläufigen Zielpunkte den romantischen Weltflüchtling wieder zurück in eine Welt katapultiert, der er entkommen will, ist die Raumbewegung in der Romantik ein immer währender Aufbruch, eine **andauernde Weltflucht**. Das lässt sich sehr gut am Beispiel des Taugenichts ablesen. Er ist eines dieser nervösen Wesen, die es nie für lange an ein und demselben Fleck hält. Besonders als er mit seiner Heimkehr zu Aurelie ein ernsthaftes Endziel erreicht zu haben scheint, plant er ohne Umschweife sofort wieder, diesem zu entfliehen, wenn er am Ende voller Enthusiasmus von seinen erneuten Reiseplänen nach Italien berichtet. Die Spannung, die das stete Vorwärtsdrängen aufrecht erhält, darf nicht abfallen, damit das unaufhörliche Hervorbringen von unbestimmten Erwartungen und poetischer Vorfreude nicht zum Abbruch kommt und das poetische Ich sich nicht den Zwängen und Begrenztheiten des Alltäglichen ausliefern muss.

> – *So verging ein Tag nach dem andern, bis ich am Ende anfing, von dem guten Essen und Trinken ganz melankolisch zu werden. Die Glieder gingen mir von dem ewigen Nichtsthun ordentlich aus den Gelenken, und es war mir, als würde ich vor Faulheit noch ganz auseinander fallen.* (S. 70, Z. 11–16)

Durch die unfreiwillige Unterbrechung seiner rasanten Reise kommt ihm seine Existenz so sinnentleert vor, dass er befürchtet, sie könnte sich selbst auslöschen. Er fühlt sich der Starre des Gegebenen ausgeliefert und leidet an einem Mangel poetischer Sinnestätigkeit, die sich nur im Enthusiasmus der Raumbewegung frei entfalten kann. In dieser Stimmung singt der Taugenichts, als ein Posthorn hinter den Bergen sein Fernweh erneut entzündet, ein altes Lied, das er daheim von einem wandernden

Handwerksburschen gehört hat: „[...] Ach, die Heimath hinter den Gipfeln, / Wie liegt sie von hier so weit. [...]“ (S. 71, Z. 8 f.)

Obwohl er sich an dieser Stelle nach der **„Heimath“** zu sehnen scheint, wird er kurz darauf in die genau entgegengesetzte Richtung, nämlich nach Rom, wandern. Selbst später, bei seiner Rückkehr aus Italien, wird er nur bis zum Schloss bei W. gelangen, um sich dort mit Aurelie zu vereinen und um doch, wenn möglich, sogleich wieder aufzubrechen. Seinen Geburtsort wird er innerhalb des Textes nicht mehr erreichen. Für den Taugenichts bezieht sich daher der **„Heimath“-Begriff** auf keine geografisch klar definierbare Region. Er dient nur noch der **Aktivierung und Legitimierung erneuter Reisetätigkeiten**, wobei der Wunsch zu wandern die Vorstellung seiner Erfüllung, die Ankunft, gar nicht mitbedenkt, ja sogar verdrängt. Diese Verwässerung der konkreten Wortbedeutung von „Heimath“ weitet und klärt zugleich den Blick für die übertragene. Die Sehnsucht nach einem realen Ort, den man nie erreichen will, wäre absurd, wenn sich dahinter nicht eine andere Zielsetzung verbergen würde.

Der Begriff „Heimat“ muss in der Romantik und speziell beim tief im katholischen Glauben verwurzelten Eichendorff auch religiös verstanden werden. Heimat kann im letzten Sinne nur das Reich Gottes sein, das zu erreichen das Ziel jedes Christen ist. Das romantische Wandern, das konkret betrachtet so chaotisch und ziellos erscheint, ist daher gleichzeitig ein Zusteuern auf die letzte Heimat, eine unaufhörliche Bewegung zu Gott hin und ein **Sinnbild permanenter Gotteserfahrung**.

Italien

Einer der berühmtesten Bildungsreisenden ist Johann Wolfgang Goethe, dessen Aufzeichnungen eines Italienbesuches als *Italienische Reise* 1816/17 veröffentlicht werden. Sie geben darüber Aufschluss, welche Reiseziele anzusteuern sind, um den klassischen Bildungsidealen, die er vertritt, zu genügen. Bildung versteht der junge Goethe dabei umfassend als Heranreifung zu einer wahren Persönlichkeit und als Schulung seines ästhetischen, kunsthistorischen und naturwissenschaftlichen Wissens. Selbstfindung und Selbstbildung werden dabei durch autodidaktische Aneignung von Wissen erreicht. Goethes Italienfahrt dauert tatsächlich von September 1786 bis Juni 1788. Von Bozen bis Palermo durchstreift er fast alle namhaften Städte und Landschaften Italiens.

Für einen Vergleich mit Eichendorff sind vor allem die Umstände interessant, unter denen Goethe seine Reise antritt: Er reist heimlich von Karlsbad aus über Bozen, Vincenza, Venedig und Ferrara zunächst nach Rom. Für diesen spektakulären Aufbruch gibt es dreierlei Gründe, von denen der schwächste der ist, dass er sich einen Herzenswunsch erfüllen will. Gewichtiger ist wohl der Druck der Amtsgeschäfte, die den Dichter in Weimar anöden und einengen. Den eigentlichen Auslöser stellt allerdings seine unglückliche Liebe zu Charlotte von Stein dar.

Dass auch den Taugenichts seine Posten als Gärtnersgehilfe und Einnehmer kaum erfüllen, er aber hauptsächlich wegen seiner scheinbar unerfüllbaren Liebe zu Aurelie nach Italien aufbricht, ist eine verblüffende **Parallele zu Goethes Italienreise**. Bedenkt man jedoch, wie kopflos der Taugenichts reist, ohne Geld, ohne geografische und landeskundliche Kenntnisse, so könnte jedoch der Kontrast zu Goethe kaum deutlicher ausfallen. Denn der Taugenichts liefe gewiss an jedem Kulturdenkmal vorbei, das traditionelle Italienreisende wie Goethe angesteuert hätten. Es liegt also auf der Hand, dass Eichendorffs Erzählung auch als **Persiflage auf die Ideale der Klassiker** zu lesen ist. Dieser provokative Unterton wird dadurch noch gesteigert, dass man aus den Ansichten des Taugenichts über Italien sehr deutlich ersehen kann, dass es ihm nicht einmal um dieses konkrete Land geht, dass also **Italien** selbst nur eine **beliebig austauschbare Formel** ist, die Fernweh und Reiselust aktiviert.

Der Erste, der dem Taugenichts italienische Flausen in den Kopf setzt, ist ausgerechnet der biedere, spießbürgerliche Portier. Daran erinnert er sich nach seinem heimlichen Weggang vom Schloss:

> – *Der Portier mit der kurfürstlichen Nase, welcher überhaupt viele Kenntnisse von der Weltgeschichte hatte, sagte oft zu mir: „Werthgeschätzter Herr Einnehmer! Italien ist ein schönes Land, da sorgt der liebe Gott für alles, da kann man sich im Sonnenschein auf den Rücken legen, so wachsen einem die Rosinen ins Maul, und wenn einen die Tarantel beißt, so tanzt man mit ungemeiner Gelenkigkeit, wenn man auch sonst nicht tanzen gelernt hat." – Nein, nach Italien, Nach Italien! Rief ich voller Vergnügen aus, und rannte, ohne an die verschienen Wege zu denken, auf der Straße fort, die mir eben vor die Füße kam.*
> (S. 36, Z 4–15)

Ein Land, wie das, von dem hier die Rede ist, gibt es nicht. Es ist eine rein **poetische Fiktion** und nicht von dieser Welt. Aber vom schönen Nichtstun darf sogar ein unterwürfiger Hausangestellter wie der Portier träumen. Der allerdings weiß Wirklichkeit und Wunschvorstellungen auseinanderzuhalten. Der Taugenichts dagegen ist jemand, der seine Träume lebt und ihnen buchstäblich nachläuft, um sie zu verwirklichen, und zwar jeweils just auf der Straße, die ihm zufällig vor die Füße kommt.

Seine tatsächliche Italienreise ergibt sich rascher als geglaubt und verläuft zunächst äußerst spektakulär. Sie gleicht anfänglich einer Entführung, bis der Taugenichts in die Dienste der vermeintlichen Maler tritt, die ihm versprechen, bei ihnen hätte er „ewige Vakanz" (S. 48, Z. 14). Tatsächlich binden ihn die beiden in ein ausgeklügeltes Ablenkmanöver ein, das den Spion vom Schloss bei W., der Fräulein Flora aufspüren soll, prompt auf die falsche Fährte lockt. Mit einem gefülltem Geldbeutel und jeweils einem Kutscher, der nur ihm dient, ist dieser Teil der Reise ganz nach dem Geschmack des Taugenichts. Doch die unaufhörliche

Eile, zu der ständig angetrieben wird, erscheint selbst ihm, der ständige Bewegtheit liebt, übertrieben, weil er nicht weiß, wohin und weswegen er „just mit so ausnehmender Geschwindigkeit fortreisen sollte“ (S. 59, Z. 15 f.). Doch am Zielpunkt, dem abgelegenen Schloss in Oberitalien, in dem er sich zeitweilig wie im Schlaraffenland wähnt, wächst in ihm schließlich zunehmend die Unzufriedenheit: „Das war nun aber doch ganz seltsam auf dem Schlosse! Kein Mensch dachte da ans Weiterreisen.“ (S. 68, Z. 27 f.)

Von da bleibt er bis zum Ende seiner Italienreise ein hilfloser Spielball der eigenen Einbildung, von Missverständnissen und komischen Verwicklungen: Die Flucht vor der lähmendem Langeweile auf dem entlegenen Schloss wird durch einen jungen Studenten möglich, der unsterblich in den Taugenichts verliebt ist. Das wiederum kommt daher, dass dort alle den Taugenichts für ein Mädchen in Männerkleidern halten, nämlich für Flora. Denn ihnen ist eine junge Gräfin aus Deutschland angekündigt worden, die sie verstecken und behüten sollen. Der Taugenichts wird hier zum Mitspieler in einer **Verwechslungskomödie**, deren Hintergründe ihm jedoch bis kurz vor Schluss verborgen bleiben.

In Rom schließlich gerät er in die Ränke einer liebestollen Dame, weil er hinter einem Lied, das Aurelie zufällig auf dem Schloss gesungen hat, und einer nächtlichen, weiß gekleideten Frauengestalt die Geliebte vermutet. Als er dann auch noch beim Maler Eckbrecht ein Porträt Aurelies erblickt – sie hat zwischenzeitig mit der Gräfin Mutter Flora in Rom gesucht – ist die Verwirrung perfekt. Wütend, doch erleichtert nimmt er Abschied aus diesem Land voller Lug und Trug:

– Ich nahm mir nun fest vor, dem falschen Italien mit seinen verrückten Malern, Pommeranzen und Kammerjungfern auf ewig den Rücken zu kehren und wanderte noch zur selbigen Stunde zum Thore hinaus. (S. 104, Z. 6–9)

Carl Gustav Carus: Erinnerung an Rom (1831)

Der **Weg** ist für den Taugenichts **das Ziel**, Ankunft dagegen stets eine Ernüchterung, der man sich schleunigst durch erneute Bewegung entziehen muss. Selbst dieser so absolut und endgültig formulierte Entschluss, Italien nicht mehr zu betreten, behält bezeichnenderweise nur bis zu seiner Rückkehr auf das Schloss Gültigkeit. Noch am Abend seiner Ankunft, er und Aurelie sind gerade ein Paar geworden, zieht es ihn wieder fort in das unerreichbare poetische Land seiner Sehnsüchte, das zwar nun erneut Italien heißt, aber plötzlich mit gegenteiligen, positiven Attributen versehen wird:„und gleich nach der Trauung reisen wir fort nach Italien, nach Rom, da gehen die schönen Wasserkünste, und nehmen die Prager Studenten mit und den Portier!" (S. 130, Z. 24–26)

Das Land, dem der Taugenichts zustrebt, ist nur eine Vorstellung. Nur so bleibt gewährleistet, dass er nie dort ankommen wird und sein Drang nach Raumbewegung sich endlos fortsetzen lässt.

Natur

In alttestamentarischen **Buch Genesis** (Gen 1,1–31) wie im neutestamentarischen Prolog zum **Johannesevangelium** (Joh 1,1–5) wird die Schöpfung von Welt und Mensch als ein (Sprech-)Akt Gottes dargestellt. Gottes Wort haucht allen Pflanzen und Tieren Leben ein. Adam als das menschliche Ebenbild Gottes ist sogar privilegiert, den Tieren Namen zu geben (Gen 2,20). Dieser **paradiesische Idealzustand** des Weltenanfangs stellt sich den Menschen mit Gott und Natur in Einklang vor. Im Prozess der Zivilsation, besonders aber seit dem Jahrhundert der Aufklärung hat sich der Mensch (bis heute) zwar von Gott und Natur emanzipiert, sich aber auch von ihnen entfremdet, indem er sich als absolute irdische Instanz eingesetzt hat.

Der *Taugenichts,* der das Romantische allegorisch verkörpert, ist jemand, der dieser Entwicklung entgegenläuft. Er hat sich einen affektiven Zugang zur Natur bewahrt. **Affekte** sind Gefühlszustände, man könnte sie auch Stimmungen nennen, die im *Taugenichts* neben der Liebe in erster Linie durch die Natur hervorgerufen werden. Durch sie fühlt er sich auf das Engste mit der Natur verbunden. Das sieht man auch daran, dass er ein Einzelgänger ist. Er meidet zwar Menschen keineswegs, wenn er sich jedoch auf sich selbst zurückzieht, dann geschieht dies stets in freier Natur. Nur hier fühlt er sich geborgen und frei.

Der Taugenichts ist ein Wesen, das auf Bäumen sitzt, wenn es ihm schlecht geht; so etwa, als er glaubt, Aurelie sei verheiratet:

> *Und so saß ich auf dem Baume droben, wie die Nachteule, in den Ruinen meines Glück's die ganze Nacht hindurch.*
> *[...] Hin und her in den Zweigen neben mir erwachten schon die Vögel, schüttelten ihre bunten Federn und sahen, die kleinen Flügel dehnend, neugierig und verwundert ihren seltsamen Schlafkammeraden an.* (S. 32, Z. 25 ff.)

Es erfolgt hier nicht nur ein zweimaliger **Vergleich mit den Vögeln**, der Taugenichts fühlt sich sogar buchstäblich als einer der ihren. Der Text behält seine Bildlichkeit bis an das Ende des zweiten Kapitels bei. Bei seiner Flucht vom Schloss bei W. fühlt sich der Taugenichts „wie ein Vogel, der aus seinem Käfig ausreißt“ (S. 34, Z. 10). Durch seinen Weggang entzieht er sich nicht nur dem schmerzlichen Anblick seiner vermeintlich verheirateten Geliebten, sondern auch den Klauen der Gesellschaft, die ihn mit verlockenden Berufsperspektiven vereinnahmen will. Der Taugenichts zieht es allerdings vor, frei wie ein Vogel ziehen zu können, wohin es ihn auch immer verschlagen mag.

Seine **Naturnähe** ist darüber hinaus auch **von religiöser Tragweite**. Das sieht man daran, in welcher Selbstverständlichkeit er den Vogelsang mit einem Lob Gottes gleichsetzt:

> *Draußen ließ sich noch kein Laut vernehmen. Nur ein früherwachtes Waldvöglein saß vor meinen Fenstern auf einem Strauch, der aus der Mauer heraus wuchs, und sang schon sein Morgenlied. „Nein“, sagte ich, „Du sollst mich nicht beschämen und allein so früh und fleißig Gott loben!“ – Ich nahm schnell meine Geige, die ich gestern auf das Tischchen gelegt hatte, und ging hinaus.* (S. 66, Z. 30–S. 67, Z. 5)

Wie Adam, der im Buch Genesis den Geschöpfen, die ihm Gott bringt, Namen geben darf und dem dadurch vor Augen geführt wird, dass alles Leben gottgegeben ist, begreift auch der Taugenichts das „Waldvöglein“ als ein Wesen, das (wie er) seine Daseinsberechtigung von Gott her bezieht und in seinem Dasein Gott dient. So sind die zentralen Tätigkeiten des Taugenichts, singen, wandern und lieben, nicht nur auf reale Ziele, wie z. B. Zeitvertreib, Italien, Aurelie etc., bezogen, sondern besitzen auch eine **religiöse Dimension:** Singen ist Gotteslob, Wandern ist die erhoffte Heimkehr der Seele zu Gott und Liebe ist ein Auftrag, den Gottes Sohn den Menschen als explizite Anweisung erteilt hat.

Der Taugenichts erfährt die Natur aber nicht nur gläubig, sondern auch ästhetisch-sinnenhaft. Dieses Credo findet sich nicht nur in Eichendorffs Erzählung über den Taugenichts, sondern auch in seinem wohl bekanntesten Gedicht:

Schläft ein Lied in allen Dingen,
Die da träumen fort und fort.
Und die Welt hebt an zu singen,
Triffst du nur das Zauberwort.[5]

Bei Eichendorff verraten sich die Geheimnisse der Schöpfung poetisch-musikalisch. Das „Zauberwort“, von dem Eichendorff hier spricht, findet man nicht in der Trickkiste eines Magiers. Der Begriff ist vielmehr mit dem biblischen „Wort“ verwandt, der im griechischen Originaltext als „**logos**“ wiedergegeben wird, was eben nicht nur „Wort“ bedeutet, sondern auch „Wissen, Kunde“. Über den Code, der es einem erlauben würde, die Natur zu entschlüsseln, verfügt derjenige, der naturkundig ist. Bleibt man im Zusammenhang des Gedichts, dann heißt das, den Schlüssel zur Natur findet man, wenn man seine Sinne schärft und für die Klänge der Natur empfänglich ist.

Eichendorffs Taugenichts lauscht sehr oft andächtig in die Natur. Auf ihn wirken bloße Geräusche wie eine Musik, die ihm etwas „bedeutet“. Bereits die ersten Zeilen des Textes zeigen, dass er ein intensiver Zuhörer ist. Das „Rauschen“ der Natur ist eine im Text ständig wiederkehrende Formel. Auch wenn die **Geheimnisse und Geräusche der Natur** nicht enträtselt werden können, so ist der Taugenichts diesen verschlüsselten Botschaften beharrlich auf der Spur. Wenn von Musik, vom Klang der Welt die Rede ist, dann verwendet Eichendorffs Sprache vage Bilder. Die rhetorische Einkleidung des Gemeinten zeigt, dass hier Klarheit gemieden werden soll, um die Poesie, den Stimmungsgehalt der Thematik aufrechtzuerhalten.

Beschreibt Eichendorff hingegen **optische Phänomene der Beschleunigung**, dann zeigt sich eine andere Sprache. Das Gemeinte wird dann in der Regel von allem rhetorischen Beiwerk befreit und es bleiben verblüffend schlichte Sprachformeln stehen. Als Beispiel sei hier zitiert, wie der Taugenichts seine erste Kutschfahrt erlebt:

> *Hinter mir gingen nun Dorf, Gärten und Kirchthürme unter, vor mir neue Dörfer, Schlösser und Berge auf; unter mir Saaten, Büsche und Wiesen bunt vorüberfliegend, über mir unzählige Lerchen in der klaren blauen Luft* (S. 9, Z. 24 ff.).

Die **Natur** wird hier nur **als Summe abgebildet**. Der Blick des Lesers wird also nicht auf die einzelnen Bestandteile der Landschaft gelenkt, er soll vielmehr dynamisch schnell durch den Raum schweifen. Es entsteht ein undeutlicher, bunter Strom von Impressionen, der die Flüchtigkeit der Eindrücke und das Unwiederbringliche ihres Zaubers betont. Landschaft wird bei Eichendorff nicht eingefroren, damit sie der Leser gemächlich beschauen kann, sie wird vielmehr, kaum dass sie sprachlich entsteht, seiner Betrachtung wieder entzogen. Sie besteht zudem nicht aus einer Summe sinnstiftender Einzelteile; das erkennt man daran, dass diese lediglich mit wenig sagenden Worthülsen als „Dorf“, „Berg“, „Wiese“ etc. benannt sind. Hier werden die Landschaft und ihre Reize nur formelhaft abgebildet, sie erschließen sich dem Leser nicht explizit.

Für den Taugenichts ist die erste **Kutschfahrt** zugleich ein **spektakuläres Raumerlebnis**. Alle Objekte werden flüchtig, die Landschaft zieht als schnelle Bildabfolge an seinen Augen vorbei. Sie versinkt pausenlos in durch die Vorstellung erzeugten, dazukommenden optischen Reizen. Die reale Landschaft wird dadurch ständig von der Vorahnung des Kommenden bzw. von der Erinnerung an das gerade Verflogene überblendet. Und gerade diese Magie abwesender Reize verleiht der Szenerie poetische Tiefe.

Der Rausch der Geschwindigkeit, den der Taugenichts hier zu erleben vorgibt, erzeugt wie auch das Wandern das **Bedürfnis nach unentwegtem Vorwärtsdrang**. Jeder Halt würde den Zauber des Augenblicks wie eine Seifenblase zerplatzen lassen.

Landschaft wird aber auch da zur Poesie, wo der Taugenichts in seiner Beschreibung die Grenzen des Faktischen durchbricht. Als der Taugenichts etwa aus Italien zu seiner Aurelie zurückkehrt, befindet er sich in Hochstimmung. Auf dem Donauschiff hat man von einer bevorstehenden Hochzeit auf dem Schloss gesprochen. Die Neuigkeiten beziehen sich tatsächlich auf Gräfin Flora, die ebenfalls aus Italien zurückgekehrt ist, der Taugenichts meint aber, das Gehörte bezöge sich ausschließlich auf ihn. Er glaubt deshalb, er würde bald in die gräfliche Familie aufgenommen, als er den Schlosspark betritt:

> *Da war ein Duften und Schimmern und Jubiliren von allen Vöglein; die Plätze und Gänge waren leer, aber die vergoldeten Wipfel neigten sich im Abendwinde vor mir, als wollten sie mich bewillkommnen, und seitwärts aus dem tiefen Grund blitzte zuweilen die Donau zwischen den Bäumen nach mir herauf.* (S. 120, Z. 26–31)

Der Taugenichts kommt sich vor, als würden die duftenden Blumen, das schimmernde Abendrot, die singenden Vögel ihn begrüßen, als würden sich die Bäume gar vor ihm verneigen. Diese Eindrücke dürfen nicht als kindische Allmachtsfantasien missdeutet werden. Man sieht hier vielmehr sehr plastisch, wie sich die optischen Eindrücke des Erzählers als sprachliche Bilder verselbstständigen, die Fantasie geht mit ihm durch und produziert die wunderlichsten Bilder. An dieser Stelle zeigt sich, inwiefern der Taugenichts auch als poetischer Mensch betrachtet werden muss. Man muss nicht unbedingt Poesie hervorbringen, um ein poetischer Mensch zu sein: „Der poetische Mensch bleibt ein solcher, auch wenn er nicht schreibt, und gerade dann, wenn er die Schönheit der Natur besonders intensiv erlebt, lässt er alles Schreiben sein.“[6] Eichendorffs Titelheld erlebt Natur in einer derartigen Intensität, dass in seiner Einbildungskraft die eigene romantische Gestimmtheit stetig mit äußeren Eindrücken verschmilzt, wodurch die **Natur** eben nicht Natur bleibt, sondern **Poesie wird**. Indem er beständig unbewusst Natürliches in Poetisches bzw. Ästhetisches umwandelt, zeigt der Taugenichts, dass er die Rolle eines poetischen Menschen in Perfektion ausübt. Er muss Poesie nicht herstellen, weil er die Welt nicht als solche, sondern stets als Poesie empfindet und wahrnimmt.

Natur wird in Eichendorffs *Taugenichts* sehr vielschichtig dargestellt. Als **mythischer Raum** entrückt sie den Leser in eine Vorzeit, in der Gott, Mensch und Natur sich noch in Harmonie und Einklang miteinander befinden. Als **dynamischer Raum** spiegelt sie die unaufhörliche Bewegtheit des romantischen Wesens wider. Als **poetischer Raum** liefert sie dem Taugenichts das Inventar, aus dem er seine Träume und Fantasien spinnt. Fasst man dies zusammen, so erkennt man, dass Natur bei Eichendorff **nicht real, sondern fiktiv** ist. Sie wird über die Art des Erzählens vermittelt, ohne dass hierbei Wirklichkeit nachgebildet werden soll, sie ist vielmehr erfunden. Seine **Landschaften** z. B. sind nicht geografisch festzulegen, sie liegen überall und nirgendwo. Ihre Elemente können wie Theaterkulissen ausgetauscht werden. Sie spiegeln nicht die tatsächliche Außenwelt, sondern beschreiben formelhaft die **romantisch-poetische Innenwelt des Taugenichts**. Sie bestätigen und intensivieren die romantische Befindlichkeit des Ich-Erzählers.

4 Erzähltechnik

Erzählhaltung

In Eichendorffs Text meldet sich ein **Ich-Erzähler** zu Wort, den der Leser als die Figur des Taugenichts identifizieren darf. Der Autor rückt sich durch seinen Erzähler in eine gewisse Distanz zum Text und unterbindet damit auch formal, dass er mit dem Erzähler-Ich gleichgesetzt wird.

Die Erzählhaltung legt außerdem die Art und Weise fest, wie dem Leser die ihm vorgeführte Welt vermittelt wird. Dieser sieht die erzählte Welt ausschließlich mit den Augen des Taugenichts. Die **beschränkte personale Sichtweise** der Titelfigur wird somit zur Sichtweise des Lesers.

Erzählperspektive

Der Ich-Erzähler kann die äußeren Abläufe nur aus der Enge seiner Sichtweise darstellen, er ist also nicht – wie ein personaler Erzähler – autorisiert, Abläufe oder Verhaltens- und Denkweisen verschiedener Personen aus deren jeweiliger Innenperspektive zu beleuchten. Der Ich-Erzähler steht äußeren Abläufen, bisweilen sogar sich selbst, oft ziemlich ratlos gegenüber, weil er die Welt nur aus seiner individuellen **Außenperspektive** betrachten und seine Psyche wie seine Emotionen nur bedingt verstehen kann. Seine **Sicht** auf die Dinge bleibt somit relativ **bruchstückhaft**.

Verstehensmuster für die Welt anzubieten ist nicht die Sache des Ich-Erzählers. Er wirbt vielmehr darum, dass der Leser mit ihm empfindet, sich im Idealfall sogar mit ihm identifiziert. Somit stellt sich dem Leser von Eichendorffs *Taugenichts* die Aufgabe, das Leben einmal nicht aus der Enge seiner eigenen, eher bürgerlichen Existenz zu sehen, sondern aus der **Sicht eines romantischen Optimisten und Enthusiasten**. Wenn sich der Rezipient bewusst auf diese Erzählhaltung und Erzählperspektive einlässt, dann bietet der Text ein Höchstmaß an Identifikationsmöglichkeiten.

Im Falle des Taugenichts wäre ein allwissender Erzähler zudem völlig überfordert: Ein Leben, das von unglaublichen Zufällen und schier irrationalen Motivationen dirigiert wird, lässt sich nicht plausibel erklären, es lässt sich glaubhaft nur aus der Sicht der Person darstellen, die es selbst erlebt.

Erzähltempus

Eichendorff wählt für den *Taugenichts* ganz bewusst die einfache Vergangenheitsform als Erzähltempus. Das **Präteritum** übermittelt, grammatisch gesehen, vergangene und abgeschlossene Ereignisse. Es ist auch das **Tempus der Erinnerung**.

Das Gedächtnis verfügt über eine schlichte, effektive Erinnerungstechnik: Behalten wird nur, was das Individuum subjektiv für bedeutsam hält. Aber nicht nur Unwichtiges wird vergessen. Freud lehrt uns, dass die Verdrängung von unliebsamen Begebenheiten geradezu ein Schutzreflex der Psyche ist. Vielleicht schwebt der Taugenichts nur deshalb so schwerelos durch die Welt, weil er als fiktiver Ich-Erzähler Erlebnisse schildert, die bereits vom Ballast des Unangenehmen befreit sind.

Eichendorff will schließlich mit seinem *Taugenichts* die traurigen Zeiten des Lebens, die man niemandem erst schildern muss, ausblenden und beim Leser stattdessen Kräfte mobilisieren, die ihn jenseits von Profit, Nützlichkeitsdenken und Pflichtbewusstsein erneut für das Leben begeistern.

Erzählzeit – erzählte Zeit
Wie im Flug folgen die Ereignisse im Leben des Taugenichts aufeinander. Er will nie zur Ruhe kommen, gönnt sich jeweils nur kurze Verschnaufpausen auf dem Weg zu seinem Glück. Dies gibt auch den Takt des Erzählens vor. Das Erzähltempo ist rasant: die Ereignisse übereilen sich und werden deshalb in Eichendorffs Erzählung sehr **stark gerafft**, d. h. die erzählte Zeit ist unverhältnismäßig länger als die tatsächliche Erzählzeit.

Zusammenfassend lässt sich das Fazit ziehen: Eichendorffs Erzähltechnik unterstützt logisch seine inhaltlichen Absichten.

5 Literarische Form und ihre Einordnung

Romane werden um 1800 als Welt im Kleinen entwickelt. Sie sind voller Fragen, unternehmen aber auch den ehrgeizigen Versuch, die Welt – soweit möglich – erschöpfend zu erklären. Das lässt Romane in ihrem Umfang spürbar anwachsen.

Novellen dagegen sind Erzählungen, die sich durch inhaltliche Kürze und eine schlichte, zielgerichtete Handlungsführung auszeichnen. Sie handeln von Begebenheiten, die sich tatsächlich ereignen können, die aber so unerhört sind, dass sie sich dem Verstand nicht mehr ohne Weiteres erschließen. Statt also wie der Roman Erklärungsmuster zu geben, erregen Novellen Verwunderung. Und was der Mensch nicht unmittelbar versteht, das beschäftigt ihn nachhaltig. Novellen erklären also nicht, sondern regen zum Nachdenken an.

Eichendorffs *Aus dem Leben eines Taugenichts* lässt sich gattungsmäßig auf den ersten Blick nicht so recht zuordnen. Seine Nähe zu Komödie und Märchen wird oft betont, Parallelen zum Schelmenroman wie zum Entwicklungsroman liegen auf der Hand. Während Benno von Wiese den Text als „novellistische Erzählung“[7] bezeichnet, liest man bei Alexander von Bormann, er sei ein „Roman“[8]

Die Art, wie Eichendorff den *Taugenichts* erzählt, lässt deutlich erkennen, dass er **zwischen dem romanhaften und novellistischen Erzählen** steht. Für eine Novelle ist der Text zwar zu lang, weil er das von Wieland geforderte Gebot der Kürze und zielgerichteten Handlungsführung nicht erfüllt, dennoch lassen sich etwas abgewandelt andere typische Kennzeichen der Novelle nachweisen, wie Eichendorff seinen Text ja auch bezeichnet (vgl. das Titelblatt der Erstausgabe). So gilt es als gattungsspezifisch, dass eine Novelle einen **Wendepunkt** aufweist, an dem sich die Handlung in ihr Gegenteil verkehrt. Es ist erstaunlich, dass es in Eichendorffs Text nicht nur einen, sondern eine ganze Reihe solcher Wendepunkte gibt; hier einige markante Beispiele:

- Der Vater wirft ihn aus dem Haus und keiner glaubt ihm, dass er sein Glück machen wird. Doch bereits bei der ersten Reisestation wird er Gärtnersgehilfe und sogar Zolleinnehmer.
- Die vermeintlichen Räuber, die ihn mit vorgehaltener Pistole anweisen, ihnen den Weg zu zeigen, erkennen ihn bei Tageslicht. Das beschert ihm eine kostenlose und rasante Kutschfahrt durch Oberitalien.
- Das entlegene Schloss, in dem er sich zunächst wie im Schlaraffenland fühlt, erweist sich als eine Art Luxuskerker, dem er sich schleunigst durch Flucht entzieht.
- Trotz verschiedener trügerischer wie realer Indizien findet er Aurelie in Rom nicht. Schleunigst eilt er aus dem „falschen Italien“ zurück in die Heimat.
- Kaum ist er wieder auf dem Schloss, endlich in den Armen Aurelies und damit am Ziel seiner Träume, droht ihm in Gestalt der bevorstehende Ehe und der großzügigen Mitgift des Grafen ein sesshaftes, arbeitsames Leben. Dem sucht er sich durch eine erneute Reise nach Italien zu entziehen.

Aus dem Leben

eines

Taugenichts

und

das Marmorbild.

Zwei Novellen

nebſt einem Anhange

von

Liedern und Romanzen

von

Joſeph Freiherrn von Eichendorff.

Berlin, 1826.

In der Vereinsbuchhandlung.

Titelblatt der Erstausgabe des *Taugenichts*

Diese bei Weitem nicht vollständige Liste belegt die unverkennbare Nähe des Eichendorff'schen Erzählens zur Novelle, markiert durch die vielen Wendepunkte aber zugleich auch die Brechung ihres überschaubaren Handlungsschemas. Es widerspricht auch allen Gesetzen der Novelle, wenn sich am Ende alle Verwicklungen und Sinnestäuschungen in Wohlgefallen auflösen. Denn Erklärungsmuster gehören eigentlich nicht in die Novelle.

Was den Zielsetzungen des Romans wiederum am vehementesten zuwiderläuft, ist die **Wahl der Erzählsituation**. Die Romane der Goethezeit erfordern einen auktorialen Erzähler, der aufgrund seiner übergeordneten, allwissenden Stellung Zusammenhänge aufzeigen und vermitteln kann. Der Taugenichts ist dagegen als fiktiver Ich-Erzähler denkbar ungeeignet, Begebenheiten und Erlebnisse zu kommentieren oder zu erklären. Trotzdem orientiert sich Eichendorff deutlich an den Grundprinzipien des **Entwicklungsromans**. Entscheidend ist wiederum, worin er abweicht. Goethes Romanheld Wilhelm Meister wird dadurch erwachsen, dass er sich in die Gesellschaft eingliedert und seine hochfliegenden Jugendträume resolut zurückstutzt. Die Träume des Taugenichts werden dagegen wahr und die Gesellschaft wird seiner nicht im Geringsten habhaft. Die **Gedichte** schließlich, die den Erzählfluss an verschiedenen Stellen aufhalten und wie lyrische Inseln immer wieder an die poetische Dimension des Textes erinnern, passen nicht zu beiden Erzählgattungen.

Es scheint unbefriedigend, wenn man den Text nur sehr vage als eine längere **Erzählung** mit romanhaften und zugleich novellistischen Zügen bezeichnen kann. Denn mit dieser ungenauen Erfassung unterschlägt man sofort wieder seine deutlichen **Anlehnungen an die Komödie und das Märchen**, wobei noch nicht einmal die Gedichte mit einbezogen sind. Doch verglichen mit anderen Werken der Romantik, z. B. mit Friedrich Schlegels *Lucinde* (1799), erkennt man, dass gerade die unmögliche gattungstypologische Einordnung ein von Eichendorff beabsichtigtes Ziel darstellt. Für die Romantiker legt jemand, der genaue Gattungskriterien einhält, der poetischen Sinnstiftung Fesseln an, weil er es versäumt, alle Möglichkeiten der Literatur zu nutzen. Den *Taugenichts* in Gattungsgrenzen zu zwängen, heißt, ihn interpretatorisch auf ein bequemeres Maß zurückzustutzen. Man muss ihn gerade wegen seiner unbequemen Dichte und Vielfalt schätzen, weil dies zu seinem Programm gehört: **In der romantischen Literatur** sollen die **Gattungen vielschichtig verschmelzen** und dadurch die poetische Aussagekraft verstärken.

6 Sprache

Eichendorff ist unbestritten der populärste unter den deutschen Romantikern, weil der **volksnahe Ton** etwa des *Taugenichts* und dessen sprachliche Schlichtheit ungetrübten Lesegenuss zu versprechen scheinen. Doch wenn er vom Wandern, vom Lieben, vom Träumen spricht, wenn er Mühlen klappern und Bäume rauschen lässt, dann meinen seine Worte nicht nur das, wofür sie laut Wörterbuch stehen. Hinter der Fassade vordergründiger Klarheit verbergen sich häufig Geflechte von stellenweise unentwirrbarer Komplexität.

Nehmen wir zum Beispiel das **Verb ‚rauschen'**. Wenn man dieses Verb aus seiner Textumgebung isoliert, so hält man gewissermaßen nur die kleine Masche eines ausladenden Netzes in der Hand, das sich von der Textoberfläche aus unsichtbar in seine Tiefe erstreckt. Bereits der Blick in ein gebräuchliches Wörterbuch fügt der einen Masche weitere hinzu. Denn ‚rauschen' kann dreierlei bedeuten: a) ein anhaltendes, dumpfes Geräusch produzieren; b) sich mit eben diesem Geräusch fortzubewegen bzw. c) sich als Mensch mit auffälligem Gehabe in Szene zu setzen. Es eröffnen sich hiermit unmittelbar drei Pfade, die weiter gehende Bedeutungszuschreibungen zulassen.

Hier soll exemplarisch nur der Erste ein Stück begangen werden: Das ‚Rauschen' ist sehr vages, nur unklar in Worte fassbares Geräusch. In der Welt des *Taugenichts* spaltet dieses unscheinbare Geräusch die Welt in zwei konkurrierende Weltanschauungen: die der Romantiker und die der Philister. Letztere haben, da sie vom Alltagstrott und seinen Zwängen beherrscht werden, ein gestörtes Verhältnis zur Natur. Sie ist bei ihnen zum Wirtschaftsfaktor Boden verkommen. Ein gutes Beispiel hierfür liefert der Vater des Taugenichts. Das Rauschen des Wassers, das das Mühlrad antreibt, ist ihm einerlei, eben nur ein Geräusch unter vielen. Er ‚rumort' (S. 7, Z. 13) frühmorgens in seiner Mühle, während sein Sohn vor dem Gebäude sitzt und die Geräusche und optischen Reize des anbrechenden Tages genussvoll in sich aufnimmt (vgl. S. 7, Z. 1–12). Romantische Menschen wie etwa der Taugenichts oder der vermeintliche Maler Leonhard, empfinden das Rauschen der Natur als etwas Zauberhaftes und Wunderbares:

Fliegt der erste Morgenstrahl
Durch das stille Nebelthal,
Rauscht erwachend Wald und Hügel:
Wer da fliegen kann, nimmt Flügel!
Und sein Hütlein in die Luft
Wirft der Mensch vor Lust und ruft:
Hat Gesang doch auch noch Schwingen,
Nun so will ich fröhlich singen! (S. 49, Z. 22–29)

Natürlich hören auch Leonhard und der Taugenichts wie die Philister nur ein vages, (sinn-)entleertes Geräusch. Doch der akustische Reiz, den das Rauschen auslöst, verpufft nicht im Nichts, sondern dient ihnen als Katalysator, der ihre Begeisterungsfähigkeit für ihre Umwelt weckt und ihre Einbildungskraft anfacht. Das Waldesrauschen, von dem das Lied spricht, steht in unmittelbarem Zusammenhang mit der fröhlichen, ausgelassenen Stimmung des Sängers. Einfache Naturphänomene wie die ersten Sonnenstrahlen und das Ende der Stille am frühen Morgen genügen, um dem romantischen Menschen ein Hochgefühl zu bescheren. Auf der Suche nach weiteren Textbelegen des Verbs ‚rauschen' würden sich viele zusätzliche Bedeutungsebenen erschließen. Eichendorff begreift Sprache von ihrem Wesen her als vieldeutig. Ein Wort allein sagt ihm gar nichts, es sei denn, es steht in einem logischen Beziehungsgeflecht zu einer unbestimmbaren Summe weiterer Begriffe. Das Rauschen etwa ist hier mit so unterschiedlichen Begriffen wie ‚Philister' ‚Romantiker', ‚Sinnestätigkeit', ‚Enthusiasmus' etc. vernetzt. ‚Rauschen' ist somit nur ein Wort für viele andere, ein kleines Bruchstück eines sich vorzustellenden Ganzen. Das rhetorische Verfahren, das hinter dieser Art, sprachliche Bedeutungen hervorzubringen, steht, nennt die klassische Rhetorik **Metonymie**.

Eichendorffs Sprache ist eine metonymische und **formelhafte Sprache**, d. h. das Gesagte ist immer nur ein Teil dessen, was als Ganzes gemeint sein könnte. Sie muss folglich (vom Leser) in eine unbestimmte, theoretisch stets erweiterbare Menge von konkreten und übertragenen (Be-)Deutungen überführt werden, die jeweils (vom Autor) gemeint sein könnten.

7 Interpretation von Schlüsselstellen

Die Annäherung an Rom (S. 79, Z. 1–S. 80, Z. 24)
Zu Beginn des siebten Kapitels wird beschrieben, wie sich der Taugenichts der italienischen Metropole Rom allmählich annähert. Besonders bedeutsam ist hierbei die Art und Weise, in der sein Bewusstsein auf Erinnertes zurückgreift, Eindrücke aus der unmittelbaren Umgebung speichert und beides schließlich zu einem poetischen Landschaftsbild vernetzt.

Der erste Satz des Kapitels stellt noch einmal den Bezug zum sechsten Kapitel her, in dem er kurz an die überhastete Flucht erinnert. Er schreibt aber auch noch einmal fest, dass der Taugenichts die Intrige, zu deren Marionette er geworden ist, nicht versteht. Der Taugenichts glaubt, seine Verfolger „kämen" (S. 79, Z. 8), als wären sie Entführer, mit „langen Messern" (S. 79, Z. 9) in den Händen hinter ihm her, um ihn erneut einzufangen. Er begreift also nicht, dass die aufgeregte Suche der Schlossbewohner einer jungen Gräfin gilt, die ihnen anvertraut wurde. Nur die Verbform verrät dem genauen Leser an dieser Stelle seinen Irrtum: „Kommen" steht hier im Konjunktiv II: „kämen". Diese Art der Möglichkeitsform wird auch **Irrealis** genannt, bezeichnet also Sachverhalte, die nicht realisierbar erscheinen. Mit dem zweiten Satz dringt der Erzähler bereits in das thematische Zentrum der Textstelle vor. Er erfährt unterwegs, dass er sich in der **unmittelbaren Nähe Roms** befindet. Bezeichnend ist, wie der Taugenichts auf diese frohe Botschaft reagiert: „Da erschrack ich recht ordentlich vor Freude." (S. 79, Z. 11 f.)

Schrecken und Freude sind eigentlich Gefühlsregungen, die einander ausschließen. Hier verschmelzen sie aber zu einer einzigen Emotion. Diese Vernetzung widersprüchlicher Begriffe nennt man in der Stilkunde Oxymoron. Erst bei genauerer Betrachtung des Kontextes wird dem Leser bewusst, worauf dieses auffällige Stilmittel verweisen soll. Rom ist ein Ort, der dem Taugenichts bereits vertraut ist, obwohl er nie dort war:

> *von dem prächtigen Rom hatte ich schon zu Hause als Kind viele wunderbare Geschichten gehört, und wenn ich dann an Sonntags-Nachmittagen vor der Mühle im Grase lag und alles ringsum so stille war, da dachte ich mir Rom wie die ziehenden Wolken über mir, mit wundersamen Bergen und Abgründen am blauen Meer, und goldnen Thoren und hohen glänzenden Thürmen, von denen Engel in goldenen Gewändern sangen.*
> (S. 79, Z. 12–20)

Von Rom haben ihm Leute erzählt, die er in seines Vaters Mühle kennen gelernt hat. Die Stadt hat in ihm – beim bloßen Gedanken an sie – sein Fernweh geweckt. Von den Geschichten erfahren wir nichts weiter, nur die Fantasien, die sie ausgelöst haben, gibt er beispielhaft wieder. Sowohl den Geschichten als auch den Gedanken werden dabei zwei fast identische Attribute zugewiesen „**wunderbar**“ bzw. „**wundersam**“, die beide „rätselhaft, unerklärbar“ bedeuten und sich von einem Subjekt ableiten, das auf „Übernatürliches“ oder „Transzendentes“ verweist. Nimmt man seine Gedanken wörtlich, so wird hier außerdem die Welt buchstäblich auf den Kopf gestellt. Im Gras liegend katapultiert er sich gewissermaßen in die Vogelperspektive. Die Wolken werden zur Erdoberfläche, Höhenunterschiede werden erkennbar, das Himmelsblau wird gar zum Meer, an dem Rom bekanntlich nicht liegt. Im letzten Teil kippt die Romfantasie völlig ins **Mystisch-Religiöse**. Bilder von singenden Engeln und goldenen Verzierungen, dieser Punkt markiert den Höhepunkt der Beschreibungskette, verwandeln Rom **in ein himmlisches Jerusalem**. Hier wird nun klar, weshalb der Taugenichts über seine Freude erschrickt, als er sich wenige Kilometer vor einem seiner Traumziele weiß: Wandert er auf dieses Ziel zu, dann werden seine hochtrabenden Fantasien vielleicht durch die Realität zunichte gemacht. Daneben bedeutet das Erreichen eines Ziels, dass es dann nicht mehr zum Medium des Sehnens werden kann. Es bleibt aber unklar, was den Taugenichts weiter treibt.

Am Schluss des obigen Zitats bricht der Gedankenfluss jäh ab. Die Bruchstelle des Textes markiert ein Punkt, gefolgt von einem Gedankenstrich. Bezeichnenderweise wird das Ende des Satzes, der nun beginnt, ebenso vom Folgenden abgesetzt:

– Die Nacht war schon wieder lange hereingebrochen, und der Mondschein prächtig, als ich endlich auf einem Hügel aus dem Walde heraustrat, und auf einmal die Stadt in der Ferne vor mir sah. – (S. 79, Z. 20–23)

An diesem Textausschnitt lässt sich sehr gut ablesen, welche Rolle die Zeichensetzung in unserer Schriftkultur spielt. Interpunktionszeichen sichern oder verhindern die Verbindung von Satzgliedern und Satzgefügen. Sie strukturieren Sprache, indem sie ihren Fluss aufschieben (Komma), unterbrechen (Punkt) oder sogar abbrechen (Punkt plus Gedankenstrich). Eingebettet in zwei Zeichenkombinationen der Art „. –" unterbricht der hier zitierte Satz auf den ersten Blick hin die Passagen vor und nachher. Aus diesem Grund ist es bedeutsam zu vergleichen, worin sich diese Zeilen vom Kontext abheben. Der Wald, den der Taugenichts bislang begangen hat, hat zwar sein Blickfeld, vor allem wegen des Einbruchs der Dunkelheit, stark eingeschränkt, diese Beschränkung hat er jedoch, wie die Zeilen vorher belegen, durch reiche Fantasietätigkeit überblendet. Als er nun ins Freie tritt, eröffnet sich ihm der unverstellte Blick auf die entfernte Stadt. Wenn der Erzähler nach dem Gedankenstrich fortfährt mit „Das Meer leuchtete von weitem" (S. 79, Z. 24 f.), dann wird sofort klar, dass es hier **nicht um die Wiedergabe einer realen Ansicht Roms** geht. Die von den Gedankenstrichen eingebetteten Zeilen haben einen kurzen Ausschnitt des tatsächlichen Wanderwegs quasi naturgetreu beschrieben, der Kontext jedoch ist völlig fiktiv, weil er nicht die Natur, sondern die **poetischen Naturbilder** des Taugenichts wiedergibt, denn es ist geografisch unmöglich, hinter Rom „das Meer" zu erblicken. Die Gedankenstriche fungieren somit als zeichenhafte Grenze zwischen Poesie und vermittelter Wirklichkeit. Sie sind der Fingerzeig darauf, dass sich der Taugenichts nicht nur rein körperlich Rom annähert, er gleicht auch die Bilder, die er sich in seiner Fantasie von Rom gemacht hat, schrittweise der Realität an. Man darf hier aber keinesfalls dem Trugschluss erliegen, der Taugenichts gaukle falsche topografische Angaben vor. Mit „Meer" (S. 79, Z. 25) greift er auf das Bild vom „blauen Meer" (S. 79, Z. 18) zurück, womit er die Himmelsfarbe meint, vor der die Wolken ziehen.

Die Gedankenstriche haben den Erzählfluss in Wirklichkeit also nicht abgebrochen, sondern nur unterbrochen, nur aufgeschoben. Das sieht man auch daran, in welcher perspektivischen Logik die Bildfantasien zueinander stehen: Während er zuerst, bei der Mühle im Gras liegend, den Himmel in der Draufsicht betrachtet hat (vgl. S. 79, Z. 16–20), schaut er danach (vgl. S. 79, Z. 23 ff.) als Wanderer von dem Hügel aus, auf dem er sich gerade befindet, zunächst in den Himmel und dann erst kehrt der Blick – d. h. also in umgekehrter Reihenfolge zur vorherigen Szenerie – zu seinem Ausgangspunkt, der Erde (im Gras liegend), zurück. Erst jetzt schaut er tatsächlich auf die ewige Stadt:

> *– Das Meer leuchtete von weitem, der Himmel blitzte und funkelte unübersehbar mit unzähligen Sternen, darunter lag die heilige Stadt, von der man nur einen langen Nebelstreif erkennen konnte, wie ein eingeschlafener Löwe auf der stillen Erde, und Berge standen daneben, wie dunkle Riesen, die ihn bewachten.* (S. 79, Z. 23–29)

Da Rom vom Nebel verhüllt ist, wandelt sich der physische Blick, verzögert nur durch ein Komma, wieder über zu einem poetischen. So entsteht ein **märchenhaftes Szenario**.

Von hier ab vollzieht sich der Gang nach Rom recht rasch, übergeht man einmal die für die Gesamtszene unwichtigen Anspielungen auf den Sagenstoff um Tannhäuser und Frau Venus (vgl. S. 80, Z. 6). Erstaunlich ist, dass der tatsächliche Anblick Roms keine neue Bilderflut auslöst, sondern dass sich der Taugenichts, sobald er die Stadt vor Augen hat, vielmehr davon zu überzeugen scheint, ob sich seine früheren Vorstellungen von Rom (vgl. S. 79, Z. 12–20) bestätigen:

> *die Stadt stieg immer prächtiger und deutlicher vor mir herauf, und die hohen Burgen und Thore und goldenen Kuppeln glänzten so herrlich im hellen Mondschein,* als ständen wirklich *die Engel in goldenen Gewändern auf den Zinnen und sängen durch die stille Nacht herüber.* (S. 80, Z. 10–15)

Die Worte, die an dieser Stelle den Schlüssel zum angewandten bildlichen Verfahren liefern, sind markiert. Die Konjunktion „als (ob)" verweist auf einen Vergleich. Die Vorstellung von Rom (vgl. S. 79, Z. 12–20) wird mit dem verglichen, was sich hier dem betrachtenden Auge eröffnet. Der Irrealis „ständen" unterstreicht, dass der Vergleich der Realität natürlich nicht standhält. Vergleiche sind zudem Gedankenarbeit, sie werden nie „wirklich". Dem Taugenichts geht es darum, ob sich die erträumte Wirklichkeit in der erlebten bestätigt. Die Beurteilung des Deckungsgrades hängt dabei von seinem eigenen Ermessen ab, er glaubt, dass sich seine Eindrücke bestätigen.

Als er Rom endlich betritt, sieht es so aus, als könnte er diese poetisch stark aufgeladene Spannung angesichts der Obdachlosen nicht aufrechterhalten. Doch die Geräusche und Düfte, die ihn umgeben, stimulieren sofort wieder seine Sinne, wodurch die Poesie des Augenblicks am Ende doch gewahrt bleibt.

Kaum eine andere Stelle dieser Erzählung verdichtet die **Mechanismen romantischer Geistestätigkeit** derart anschaulich wie diese. Der Taugenichts produziert Sehnsüchte, er träumt, geht spontan irgendwelchen Einbildungen nach und nimmt seine Umwelt nur wahllos und ausschnitthaft wahr. Diese erfundenen und tatsächlichen Eindrücke verschmilzt er sodann zu einer poetischen Legierung, in der Fiktion und Wirklichkeit nicht auseinander- sondern zusammengedacht werden.

Der verwunschene Garten (S. 80, Z. 25–S. 83, Z. 8)

Wie unmittelbar die menschliche Phantasie an das Unterbewusstsein gekoppelt ist, hat Sigmund Freud an E. T. A. Hoffmanns Erzählung *Der Sandmann* (1815) veranschaulicht, in der die Titelfigur Nathanael über die Auswüchse ihrer Fantasie buchstäblich verrückt wird. Auch Eichendorff bringt die Nacht- und Schattenseiten der menschlichen Psyche in seiner Erzählung *Aus dem Leben eines Taugenichts* (1826) zur Sprache, nimmt der

Thematik allerdings die Spitze. Er gibt seiner Titelfigur die Kraft, das Unheimliche zu kanalisieren und zu verarbeiten und nicht, wie bei Edgar Allan Poe oder E. T. A. Hoffmann, ins Pathologische, d. h. ins Krankhafte umschlagen zu lassen.

Rom ist nicht nur der Ort, der die Produktivität romantischer Einbildungskraft in Gang setzt, es ist für den Taugenichts auch der Ort falscher Einbildungen, die seine ärgsten Enttäuschungen verursachen. Auch wenn sich der Taugenichts nach Rom begibt, um die heilige Stadt zu erleben, gelten seine wahren Gefühle ausschließlich Aurelie. Er sehnt sich nach einer anderen Wirklichkeit, ohne Standesgrenzen und andere Hindernisse (wie etwa der vermeintliche Familienstand Aurelies) die ihn der Geliebten entrücken. Diese Sehnsucht bewirkt, dass der Taugenichts beginnt, die **tatsächliche Wirklichkeit**, die ihn umgibt, **in eine erwünschte umzudeuten**. Durch diese Ver-Rückung von Tatsachen bringt er sich selbst in die Gefahr, verrückt zu werden.

In den Straßen Roms bezieht der Taugenichts den erstbesten menschlichen Laut, den er vernimmt, auf Aurelie: „Es war die Stimme der schönen, gnädigen Frau, und dasselbe welsche Liedchen, das sie gar oft zu Hause aus dem offnen Fenster gesungen hatte.“ (S. 81, Z. 1–3)

Diese zwei Zufälle, die Ähnlichkeit der Stimmen und die zufällige Übereinstimmung eines italienischen Liedes, verknüpft der Taugenichts spontan und wider besseres Wissen mit Aurelie. Er hat keinerlei berechtigte Hinweise auf eine Anwesenheit seiner Angebeten in Rom. Ihr Briefchen, von dem er glaubt, es sei an ihn adressiert, beordert ihn ausdrücklich zurück auf das Schloss bei W. (vgl. S. 72, Z. 7). Mit etwas mehr Besonnenheit müsste er eigentlich zum Schluss kommen, Aurelie sei in Österreich. Doch die Wehmut, die die Erinnerung an die glücklichen Momente in ihrer Nähe bei ihm hervorruft (vgl. S. 81, Z. 4–9), ist so stark, dass er jeden trügerischen Schein geradezu bereitwillig für bare Münze nimmt. Ohne dass es ihm jedoch bewusst wird, ordnet er seine realen Wahrnehmungen eingebildeten Zusammenhängen zu und beschließt aufgrund dieser vermeintlichen Erkenntnisse, dass es nun Zeit ist zu handeln. Er schwingt sich über ein schmiedeeisernes Tor in den Garten, aus dem er glaubt, den Gesang vernommen zu haben. Nun gesellt sich zu der akustischen Täuschung, der er erlegen ist, noch eine optische:

> *Da bemerkte ich, daß eine schlanke weiße Gestalt von fern hinter einer Pappel stand und mir erst verwundert zusah, als ich über das Gitterwerk kletterte, dann aber auf einmal so schnell durch den dunklen Garten nach dem Hause zuflog, daß man sie im Mondschein kaum füßeln sehen konnte. „Das war sie selbst!" rief ich aus, und das Herz schlug mir vor Freude, denn ich erkannte sie gleich an den kleinen, geschwinden Füßen wieder.* (S. 81, Z. 11–19)

Das Motiv der „weißen Gestalt" im Mondlicht ist ein wohl beabsichtigter Verweis auf die romantische Schauerliteratur. Die schemenhaften Umrisse der Frauengestalt, die genau genommen keinerlei Verweiskraft auf eine wirkliche Person besitzt, verliert für den Taugenichts deshalb die ihr anhaftende gespenstische Aura, weil er in der Motorik ihrer Füße Aurelie wiederzuerkennen glaubt. Die **Kette seiner Selbsttäuschungen** wird ab hier zusehends länger. Ohne es mit Bestimmtheit zu wissen, vermutet er, dass Aurelie, nicht wissend, wer der freche Eindringling ist, sich in dem Haus inmitten des Gartens verbarrikadiert hat. Die Türen sind verschlossen, Jalousien erschweren es ihm, hineinzublicken. Deshalb versucht er, sich zu erkennen zu geben:

> *Ich klopfte ganz bescheiden an, horchte und klopfte wieder. Da war es nicht anders, als wenn es drinnen leise flüsterte und kicherte, ja einmal kam es mir vor, als wenn zwei helle Augen zwischen den Jalousien im Mondschein hervorfunkelten. Dann war es auf einmal wieder ganz still.* (S. 81, Z. 24–29)

Das Zitat besteht aus drei Sätzen, wobei die Verbformen im ersten und dritten Satz im Indikativ, die zentralen Verbformen im zweiten Satz jedoch im Konjunktiv II stehen. Dadurch wird hier grammatikalisch bereits angedeutet, was inhaltlich erst das Ende der Szene belegt: Die Wahrnehmungen, die der Taugenichts hier schildert, sind **pure Einbildungen**. Die berechtigte Frage, wie solche Sinnestäuschungen entstehen können, lässt sich nur in Form von Vermutungen beantworten. Tatsächliche akustische bzw. optische Reize sind wahrscheinlich die Auslöser gewesen, die die unbewussten Sehnsüchte und Hoffnungen des Taugenichts aktiviert haben. Doch werden die Wahrnehmungen zu Trugbildern verändert, die das Ich wiederum an die Stelle der Wirklichkeit setzt.

Wenn man im Vorgriff auf den Schluss der Szene bedenkt, dass das Haus „seit vielen Jahren unbewohnt" (S. 82, Z. 29) ist, dann wirken die nachfolgenden Aktivitäten des Taugenichts geradezu absurd:

> *„Sie weiß nur nicht, daß ich es bin," dachte ich, zog die Geige, die ich allzeit bei mir trage, hervor, spazierte damit auf dem Gange vor dem Hause auf und nieder, und spielte und sang das Lied von der schönen Frau, und spielte voll Vergnügen alle meine Lieder durch, die ich damals in den schönen Sommernächten im Schloßgarten, oder auf der Bank vor dem Zollhause gespielt hatte* (S. 81, Z. 30–S. 82, Z. 5).

Ohne dass er es sich vergegenwärtigt, beschwört der Taugenichts hier die Zeit herauf, in der er sich seiner Geliebten zumindest noch sinnlich nahe gewusst hat. Sein Singen ist dabei nicht zweckfrei, sondern an einen Adressaten gerichtet. Ästhetisch betrachtet wird also durch die Poesie seines Gesangs die reale Ferne von der Geliebten zu ersehnter Nähe umgewandelt.

Da diese Absicht natürlich die Wirklichkeit nur kurzfristig verdrängt, lässt die Frustration des Taugenichts nicht lange auf sich warten; „traurig" (S. 82, Z. 8) steckt er seine Geige ein und legt sich auf der Türschwelle schlafen. Was nun passiert, durchzieht die Erzählung wie ein roter Faden. In den Momenten größter Verzweiflung sucht der Taugenichts **Trost in Gottes Natur:**

> *Die Nacht war warm, die Blumenbeete vor dem Haus dufteten lieblich, eine Wasserkunst weiter unten im Garten plätscherte immerfort dazwischen. Mir träumte von himmelblauen Blumen, von schönen, dunkelgrünen, einsamen Gründen, wo Quellen rauschten und Bächlein gingen, und bunte Vögel wunderbar sangen, bis ich endlich fest einschlief.* (S. 82, Z. 10–16)

Das Bildverfahren, das der Ich-Erzähler hier bemüht, ist dem aufmerksamen Leser bestens vertraut. Ausgehend von den Geruchs- („dufteten“) und Geräuscheindrücken („plätscherte“) seiner unmittelbaren Umgebung, die er mit geschlossenen Augen wahrnimmt, fantasiert sich der Taugenichts an einen paradiesischen, von Menschenhand unberührten Ort, an dem ihn nur Harmonie umgibt und alles, was diese stört, ausgeschlossen ist. Und bezeichnenderweise „schläft“ er erst dann „fest ein“, als er diesen Punkt innerer Ruhe und Ausgeglichenheit erreicht hat.

Die **Enthüllung dieser Kette von Selbsttäuschungen** vollzieht sich am Schluss der Szene in drei Schritten. Die Vögel, denen sich der Taugenichts, der selbst am liebsten „ein Vöglein wär“ (S. 83, Z. 16), in einem besonderen Maß verbunden fühlt, sind es zunächst, die vorhersagen, was kommen wird. In ihrem Zwitschern vermeint der Taugenichts zu vernehmen, dass sie ihn für einen „Narren“ (S. 82, Z. 20) halten. Aus dem Haus dringt immer noch kein Laut nach draußen. Als er schließlich durch die Jalousien blickt, bringt ihn der Anblick des offensichtlich seit Jahren unbewohnten Hauses schier aus der Fassung:

> *– Da überfiel mich ein ordentliches Grausen vor dem einsamen Hause und der gestrigen weißen Gestalt. Ich lief, ohne mich weiter umzusehen, durch die stillen Lauben und Gänge und kletterte geschwind wieder an dem Gartenthor hinauf.*
> (S. 82, Z. 30–S. 83, Z. 3)

Das „Grausen“, an das sich eine kopflose Flucht anschließt – Edgar Allan Poe spricht an analogen Stellen stets von „horror“ – markiert den kritischen Punkt, an dem das Subjekt in der romantischen Schauerliteratur in der höchsten **Gefahr** ist, im nächsten Augenblick **verrückt zu werden** – man denke nur an den Nathanael aus E. T. A. Hoffmanns *Der Sandmann*. Hier stellt sich natürlich die Frage, weshalb der Taugenichts seine geistige Klarheit behält. Das hat wohl zweierlei Gründe. Zum einen verhindert die buchstäblich felsenfeste Religiosität des Taugenichts, sich in die Abgründe seiner selbst zu verrennen, weil er nicht sich, sondern Gott als das absolute Maß der Dinge ansieht. Zum anderen ist seine poetische Einbildungskraft so beschaffen, dass er sich von einem Moment auf den nächsten neu orientieren kann und dabei das Vergangene völlig hinter sich lässt: „Aber da blieb ich völlig verzaubert sitzen, als ich auf einmal von dem hohen Gitterwerk in die prächtige Stadt hinunter sah.“ (S. 83, Z. 3–5)

Der Riss, den der eine Augen-Blick, der Blick durch die Jalousien des verwaisten Hauses, in seinem Inneren hinterlässt, wird durch die Poesie des nächsten, durch den Anblick Roms in der Morgensonne, wieder gutgemacht. Der Schluss der Gartenszene veranschaulicht, mit welch traumwandlerischer Sicherheit der Taugenichts das Grauen kanalisieren kann. Überstrahlt wird der Schluss zudem noch vom **Aurora-Motiv**, das in Eichendorffs Gesamtwerk leitmotivisch immer wiederkehrt. Die Morgensonne ist die Allegorie Auroras, der Göttin der Morgenröte. Sie verheißt Aufbruch und Optimismus. Alle entscheidenden Aufbrüche des Taugenichts, von zu Hause, vom Schloss bei W., von Italien, finden am Morgen statt, stehen also im Schutz Auroras und verheißen dadurch Gutes.

Rezeptionsgeschichte

Während die frühen Werke Eichendorffs, wie z. B. sein Erstlingsroman *Ahnung und Gegenwart* (1815), keine breite Beachtung finden, wird das Bändchen, das 1826 erscheint und den *Taugenichts* als Titelgeschichte enthält, von den Rezensenten relativ rasch zur Kenntnis genommen.

Bereits 1826 erscheinen fünf Besprechungen. Bis auf Wolfgang Menzels Verriss vom 8. August 1826, erschienen im *Literatur-Blatt*, einer Beilage zum renommierten Cotta'schen *Morgenblatt für gebildete Stände*, sind die **Kritiken** in der Summe recht **wohlwollend**. Kein Literaturkritiker der Zeit misst jedoch dem *Taugenichts* den enormen Stellenwert bei, der ihm heute zukommt. Eine frühe, am 31. Mai 1826 anonym abgedruckte Rezension aus der sogenannten *Vossischen Zeitung (Königlich privilegierte Berlinische Zeitung von Staats und gelehrten Sachen)* kehrt vor allem einen interessanten Aspekt hervor. Der Kritiker liest den *Taugenichts* nicht als romantisch, sondern als einen Text, der die Romantik humoristisch und rückblickend bedenkt. Er hält also Eichendorff für einen Autor, der im aufkommenden Realismus und im Kontext der sich allmählich formierenden politischen Literatur des Vormärz und Jungen Deutschlands der Epoche der Romantik kritisch und dem eigenen Text selbstkritisch gegenübersteht. Doch bald schon hat die literarisch interessierte Öffentlichkeit verstanden, dass Eichendorff ein völlig unzeitgemäßer, ja altmodischer Autor ist, der sich vorbehaltlos einer längst verklungenen Epoche zugehörig fühlt.

Auch wenn ihn viele für altmodisch gehalten haben, selbst die zeitkritischen Gegner bewerten den *Taugenichts* als **Prototypen romantischer Literatur**. Der *Taugenichts* ist nicht zuletzt auch deshalb bis heute das Werk Eichendorffs, das sich mit

Abstand am besten verkauft hat. Es hat dem Autor den Ruf eingebracht, der „letzte Romantiker“ zu sein.

Im Gegensatz zu vielen seiner späteren literarischen Zeitgenossen, die Eichendorff als Relikt einer überkommenen Epoche sahen, steht Eichendorff bei Liedkomponisten hoch im Kurs, immerhin reicht die musikalische Romantik bis weit in unser Jahrhundert hinein. Folgende Gedichte aus dem *Taugenichts* sind, sieht man von den bekannten volksliedhaften Umsetzungen ab, als **Kunstlieder** vertont worden: „Wem Gott will rechte Gunst erweisen“ 1840 von **Robert Schumann** (op. 77/1) und 1844 von **Felix Mendelssohn-Bartholdy** (op. 75/1), „Wer in die Fremde will wandern“ 1888 von **Hugo Wolf** und „Wohin ich geh’ und schaue“ 1894/95 von **Hans Pfitzner**.

Nicht zuletzt dank dieser Vertonungen ist Eichendorff auch als Lyriker in seiner Beliebtheit und Bekanntheit an die erste Stelle unter den deutschen Schriftstellern der Romantik gerückt.

Die Begeisterung für Eichendorffs *Taugenichts* hat sich auch bei den Realisten und Schriftstellern der Moderne fortgesetzt. Ab der zweiten Hälfte des 19. Jahrhunderts tritt aber ein bemerkenswerter Aspekt hinzu: Der Taugenichts wird zu einem Beispiel wahren Deutschtums erhoben. „Kein andres Volk hat solch ein Buch“, meint Theodor Fontane und stellt des Weiteren in seinem Brief vom 6. Januar 1857 an Paul Heyse fest: Der *Taugenichts* sei „nicht mehr und nicht weniger die Verkörperung des deutschen Gemüts, die liebenswürdige Type nicht eines Standes bloß, sondern einer ganzen Nation.“[9] **Thomas Mann** führt solche Gedanken in seinen *Betrachtungen eines Unpolitischen* (1918) fort und zeichnet am Beispiel der Figur des Taugenichts ein Menschenbild, das die Deutschen in eine tolerante, demokratische Tradition einreiht.

Neben dem, was sich in der Literatur als das Romantische herausgebildet hat, werden die Romantiker politisch auch als die ideellen Väter eines deutsch-liberalen Nationalstaats mit demokratischer Ausrichtung angesehen. Selbst der Europa-Gedanke wird in dieser Epoche bereits thematisiert. Thomas Mann stellt die Deutschen damit bewusst nicht in die Tradition eines Kriegsreichs preußischer Tradition, die, das kann er 1918 noch nicht wissen, im Dritten Reich wieder belebt wird. Er hält in seinem Essay die Deutschen für dem Untergang geweiht, wenn sie auf den Militarismus bauen. Thomas Mann sieht das typisch Deutsche in der Epoche der Romantik verkörpert, in der auch Träume von einem deutschen, demokratisch regierten Nationalstaat geboren wurden. Diese Tradition sei mit der gescheiterten Revolution 1848 abgerissen.

Die **Nationalsozialisten**, die bekanntlich jeden Klassiker der deutschen Literatur zur völkischen Propaganda missbraucht haben, tun sich mit dem Taugenichts schwer. Dieser Faulpelz, der nur Gott und sich selbst zum Maßstab der Dinge erhebt, ist kaum mit den nationalsozialistischen Zielsetzungen, den Deutschen als pflichtbewussten Herrenmenschen darzustellen, in Einklang zu bringen. Die Vereinnahmung hat deswegen zumeist auch nicht dem *Taugenichts,* sondern den Gedichten oder dem Dichter selbst gegolten, der schließlich ein vorbildlicher Beamter, ein Patriot und ein schöpferischer Geist in einem war.

Seit 1945 ist die Eichendorff'sche Erzählung wieder spürbar **entpolitisiert** und als das bewertet worden, was sie tatsächlich darstellt: als Fallbeispiel verinnerlichter Romantik. In der Schule und Universität ist Eichendorffs *Taugenichts* bis heute nicht mehr aus den Lehrplänen wegzudenken. Er ist darüber hinaus der Kassenschlager deutscher romantischer Literatur geblieben, mehrfach verfilmt worden, mittlerweile sogar auf CD-ROM erhältlich und kostenlos über das Internet greifbar. Dass der Text jemals einen derart hohen und zentralen Stellenwert erlangen würde, war zu Eichendorffs Lebzeiten kaum vorhersehbar.

Die einzige inhaltlich wie künstlerisch akzeptable Verfilmung von Eichendorffs Erzählung entstand unter der Regie von Bernhard Sinkel (*Der Taugenichts,* BRD 1977).

Literaturhinweise

Verwendete Buchausgabe

JOSEPH VON EICHENDORFF: *Aus dem Leben eines Taugenichts.* Novelle. Berlin 1826. Herausgegeben von Joseph Kiermeier-Debre. München: Deutscher Taschenbuch Verlag 1997.

Weiterführende Literatur

VOLKMAR STEIN: *Joseph von Eichendorff. Ein Lebensbild.* Würzburg: Stiftung Kulturwerk Schlesien 1993.
Kurze informative **Biografie**, in dem sehr eingängig dargestellt wird, welche biografischen, politischen und poetischen Einflüsse Eichendorffs Werk bedingen.

HELMUT SCHANZE (Hsg.): *Romantik-Handbuch.* Stuttgart: Kröner Verlag 1994.
Dieser **Epochenüberblick** bietet in jeweils kurzen, übersichtlichen Kapiteln alles Wissenswerte über die Epoche und die Persönlichkeiten, die sie geprägt haben.

HARTWIG SCHULZE: *Joseph von Eichendorff. Aus dem Leben eines Taugenichts.* (Reclams Erläuterungen und Dokumente) Stuttgart: Reclam 1994.
Übersichtlicher **Materialienband**, der sehr nützliche Sach- und Worterklärungen zu allen relevanten Textstellen bereitstellt und die Wirkungsgeschichte der Erzählung ausführlich dokumentiert.

ALEXANDER VON BORMANN: „Joseph von Eichendorff. Aus dem Leben eines Taugenichts." In: PAUL MICHAEL LÜTZELER: *Romane und Erzählungen zwischen Romantik und Realismus.* Neue Interpretationen. Stuttgart: Reclam 1983.

Leicht zugänglicher und in vielen Schulen und Bibliotheken präsenter Aufsatz, der die Erzählung umfassend interpretiert. Zu empfehlen ist dieser Aufsatz deshalb, weil er zusätzlich einen Einblick in die Methodik einer zeitgemäßen Literaturwissenschaft vermittelt.

Albrecht Koschorke: „Die romantische Utopie". In: ders.: *Grenze und Grenzüberschreitung in literarischen Landschaftsbildern.* Frankfurt am Main 1999, S. 173–217.
Das Buch enthält ein tiefschürfendes Kapitel zur Poetik und Philosophie der romantischen Landschaft und bietet den Schlüssel für ein umfassendes Verständnis dieses gerade für den *Taugenichts* zentralen Themas.

Benno von Wiese: *Joseph von Eichendorff.* Aus dem Leben eines Taugenichts. In: ders.: Die deutsche Novelle von Goethe bis Kafka. Interpretationen. Band 1. Düsseldorf: Bagel Verlag 1956, S. 79–96.
Obwohl das Buch schon etwas älter ist, enthält es eine immer noch viel beachtete und gut lesbare Studie zum *Taugenichts,* der umfassend und vielschichtig interpretiert wird.

Anmerkungen

1 Lenz: *Werke in einem Band.* (Bibliothek deutscher Klassiker hg. v. den Nationalen Forschungs- und Gedenkstätten der klassischen deutschen Literatur) Berlin und Weimar 1986, S. 91.

2 „Declaration of Independence." In: *Documents of Freedom from Independence Hall, Philadelphia. Authentic Reproductions of the originals in the National Archives.* Four sheets, Washington D.C., 1956.

3 Hermann, Ursula u. a.: *Das deutsche Wörterbuch.* München 1985, S. 638.

4 Novalis: „Die Christenheit oder Europa." In: ders.: *Werke.* Herausgegeben und kommentiert von Gerhard Schulz. München ^{3}1987, S. 508. Dieselbe Textstelle zitiert Eichendorff in: „Geschichte der poetischen Literatur Deutschlands." In: *Eichendorff, Joseph von: Neue Gesamtausgabe der Werke und Schriften in vier Bänden.* Gerhard Baumann und Siegfried Grosse (Hg.). Band 4. Stuttgart 1957/58, S. 250 f.

5 Frühwald, Wolfgang (Hg.): *Gedichte der Romantik.* Stuttgart 1984, S. 332.

6 Stein, Volkmar: *Joseph von Eichendorff. Ein Lebensbild.* Würzburg 1993, S. 66.

7 Wiese, Benno von: „Joseph von Eichendorff. Aus dem Leben eines Taugenichts." In: ders.: *Die deutsche Novelle von Goethe bis Kafka. Interpretationen.* Düsseldorf 1956, S. 96.

8 Bormann, Alexander von: „Joseph von Eichendorff: Aus dem Leben eines Taugenichts." In: Lützeler, Paul Michael (Hg.): *Romane und Erzählungen zwischen Romantik und Realismus. Neue Interpretationen.* Stuttgart 1983, S. 107.

9 Zitiert nach Heinz Ohff: *Joseph Freiherr von Eichendorff.* (Preußische Köpfe 13) Berlin 1983, S. 7.

Ihre Meinung ist uns wichtig!

Ihre Anregungen sind uns immer willkommen. Bitte informieren Sie uns mit diesem Schein über Ihre Verbesserungsvorschläge!

Titel-Nr.	Seite	Vorschlag

Bitte hier abtrennen

Die echten Hilfen zum Lernen ... **STARK**

Bitte hier abtrennen

Zutreffendes bitte ankreuzen! Die Absenderin/der Absender ist:

- ☐ Lehrer/in in den Klassenstufen: ____
- ☐ Fachbetreuer/in
  Fächer: ____
- ☐ Seminarlehrer/in
  Fächer: ____
- ☐ Regierungsfachberater/in
  Fächer: ____
- ☐ Oberstufenbetreuer/in
- ☐ Schulleiter/in
- ☐ Referendar/in, Termin 2. Staatsexamen: ____
- ☐ Leiter/in Lehrerbibliothek
- ☐ Leiter/in Schülerbibliothek
- ☐ Sekretariat
- ☐ Eltern
- ☐ Schüler/in, Klasse: ____
- ☐ Sonstiges: ____

STARK Verlag
Postfach 1852
85318 Freising

18-V1P

Bitte ausfüllen und im frankierten Umschlag an uns einsenden. Für Fensterkuverts geeignet.

Kennen Sie Ihre Kundennummer? Bitte hier eintragen.

Absender (Bitte in Druckbuchstaben!)

Name/Vorname

Straße/Nr.

PLZ/Ort

Telefon privat

Geburtsjahr

E-Mail

Schule/Schulstempel (Bitte immer angeben!)

Unterrichtsfächer: (Bei Lehrkräften!)

STARK Interpretationshilfen und Trainingsbände für die Oberstufe

Deutsch Interpretationen

Aehnlich: *Alle sterben, auch die Löffelstöre*	Best.-Nr. 2400621
Brecht: *Der aufhaltsame Aufstieg des Arturo Ui*	Best.-Nr. 2400281
Brecht: *Der kaukasische Kreidekreis*	Best.-Nr. 2400171
Brecht: *Leben des Galilei*	Best.-Nr. 2400011
Brecht: *Mutter Courage und ihre Kinder*	Best.-Nr. 2400521
Brussig: *Am kürzeren Ende der Sonnenallee*	Best.-Nr. 2400201
Büchner: *Dantons Tod*	Best.-Nr. 2400121
Büchner: *Der Hessische Landbote*	Best.-Nr. 2400461
Büchner: *Lenz*	Best.-Nr. 2400431
Büchner: *Leonce und Lena*	Best.-Nr. 2400261
Büchner: *Woyzeck*	Best.-Nr. 2400041
Dürrenmatt: *Der Besuch der alten Dame*	Best.-Nr. 2400341
Dürrenmatt: *Der Verdacht*	Best.-Nr. 2400571
Eichendorff: *Aus dem Leben eines Taugenichts*	Best.-Nr. 2400071
Eichendorff: *Das Marmorbild*	Best.-Nr. 2400081
Fontane: *Effi Briest*	Best.-Nr. 2400371
Fontane: *Irrungen, Wirrungen*	Best.-Nr. 2400401
Fontane: *Frau Jenny Treibel*	Best.-Nr. 2400611
Frisch: *Biedermann und die Brandstifter*	Best.-Nr. 2400531
Frisch: *Homo faber*	Best.-Nr. 2400031
Goethe: *Faust I*	Best.-Nr. 2400511
Goethe: *Gedichte (1771–1783)*	Best.-Nr. 2400181
Goethe: *Die Leiden des jungen Werther*	Best.-Nr. 2400051
Hauptmann: *Die Ratten*	Best.-Nr. 2400411
Hein: *Der fremde Freund/Drachenblut*	Best.-Nr. 2400061
E.T.A. Hoffmann: *Der Sandmann*	Best.-Nr. 2400351
Horváth: *Geschichten aus dem Wiener Wald*	Best.-Nr. 2400581
Kafka: *Der Proceß*	Best.-Nr. 2400481
Kafka: *Die Verwandlung/Das Urteil*	Best.-Nr. 2400141
Keller: *Romeo und Julia auf dem Dorfe*	Best.-Nr. 2400321
Kerner: *Blueprint. Blaupause*	Best.-Nr. 2400391
Kleist: *Der zerbrochne Krug*	Best.-Nr. 2400541
Kleist: *Michael Kohlhaas*	Best.-Nr. 2400111
Lessing: *Emilia Galotti*	Best.-Nr. 2400191
Lessing: *Nathan der Weise*	Best.-Nr. 2400501
Th. Mann: *Der Tod in Venedig*	Best.-Nr. 2400291
Th. Mann: *Tonio Kröger/ Mario und der Zauberer*	Best.-Nr. 2400151
Musil: *Die Verwirrungen der Zöglings Törleß*	Best.-Nr. 2400561
Nooteboom: *Die folgende Geschichte*	Best.-Nr. 2400251
Schiller: *Don Carlos*	Best.-Nr. 2400161
Schiller: *Kabale und Liebe*	Best.-Nr. 2400231
Schiller: *Die Räuber*	Best.-Nr. 2400421
Schiller: *Maria Stuart*	Best.-Nr. 2400271
Schlink: *Der Vorleser*	Best.-Nr. 2400101
Schneider: *Schlafes Bruder*	Best.-Nr. 2400021
Schnitzler: *Traumnovelle*	Best.-Nr. 2400311
Sophokles: *Antigone*	Best.-Nr. 2400221
Storm: *Der Schimmelreiter*	Best.-Nr. 2400381
Süskind: *Das Parfum*	Best.-Nr. 2400091
Timm: *Die Entdeckung der Currywurst*	Best.-Nr. 2400301
Vanderbeke: *Das Muschelessen*	Best.-Nr. 2400331
Wolf: *Kassandra*	Best.-Nr. 2400601
Wolf: *Medea. Stimmen*	Best.-Nr. 2400551
Wedekind: *Frühlings Erwachen*	Best.-Nr. 2400491
Zweig: *Schachnovelle*	Best.-Nr. 2400441

Deutsch Training

Training Methoden Deutsch	Best.-Nr. 944062
Dramen analysieren u. interpretieren	Best.-Nr. 944092
Erörtern und Sachtexte analysieren	Best.-Nr. 944094
Gedichte analysieren und interpretieren	Best.-Nr. 944091
Epische Texte analysieren und interpretieren	Best.-Nr. 944093
Übertritt in die Oberstufe	Best.-Nr. 90409
Abitur-Wissen Erörtern und Sachtexte analysieren	Best.-Nr. 944064
Abitur-Wissen Textinterpretation	Best.-Nr. 944061
Abitur-Wissen Deutsche Literaturgeschichte	Best.-Nr. 94405
Abitur-Wissen Prüfungswissen Oberstufe	Best.-Nr. 94400
Kompakt-Wissen Rechtschreibung	Best.-Nr. 944065
Lexikon Autoren und Werke	Best.-Nr. 944081

(Bitte blättern Sie um)

Englisch Interpretationen

Interpretationshilfen zu Einzellektüren:

Albee:
Who's afraid of Virginia Woolf? .... Best.-Nr. 2500101
Atwood: *The Handmaid's Tale* .... Best.-Nr. 2500181
Auster: *Moon Palace* .... Best.-Nr. 2500031
Boyle: *The Tortilla Curtain* .... Best.-Nr. 2500131
Bradbury: *Fahrenheit 451* .... Best.-Nr. 2500141
20th Century English Short Stories .... Best.-Nr. 2500151
Fitzgerald: *The Great Gatsby* .... Best.-Nr. 2500191
Golding: *Lord of the Flies* .... Best.-Nr. 2500051
Hornby: *About a Boy* .... Best.-Nr. 2500201
Ishiguro: *The Remains of the Day* ...... Best.-Nr. 2500171
Lessing: *The Fifth Child* .... Best.-Nr. 2500071
Lodge: *Changing Places* .... Best.-Nr. 2500091
MacLaverty: *Cal* .... Best.-Nr. 2500161
Priestley: *An Inspector Calls* .... Best.-Nr. 2500081
Russell: *Educating Rita* .... Best.-Nr. 2500061
Salinger: *Catcher in the Rye* .... Best.-Nr. 2500111
Shakespeare: *Macbeth* .... Best.-Nr. 2500011
Shakespeare: *Romeo and Juliet* .... Best.-Nr. 2500041
Shaw: *Pygmalion* .... Best.-Nr. 2500121
Shepard: *True West* .... Best.-Nr. 2500211
Twain: *Huckleberry Finn* .... Best.-Nr. 2500021

Englisch Training

Übersetzungsübung .... Best.-Nr. 82454
Grammatikübung .... Best.-Nr. 82452
Themenwortschatz .... Best.-Nr. 82451
Grundlagen, Arbeitstechniken, Methoden mit CD .... Best.-Nr. 944601
Sprachmittlung .... Best.-Nr. 94469
Textaufgaben Literarische Texte und Sachtexte .... Best.-Nr. 94468
Sprechfertigkeit mit CD .... Best.-Nr. 94467
Englisch – Übertritt in die Oberstufe .. Best.-Nr. 82453
Abitur-Wissen Landeskunde Großbritannien .... Best.-Nr. 94461
Abitur-Wissen Landeskunde USA .... Best.-Nr. 94463
Abitur-Wissen Literaturgeschichte ...... Best.-Nr. 94465
Kompakt-Wissen Abitur Themenwortschatz .... Best.-Nr. 90462
Kompakt-Wissen Grundwortschatz .... Best.-Nr. 90464
Kompakt-Wissen Kurzgrammatik ...... Best.-Nr. 90461
Kompakt-Wissen Abitur Landeskunde/Literatur .... Best.-Nr. 90463
Kompakt-Wissen Abitur – NRW Landeskunde/Literatur .... Best.-Nr. 50463

Latein Training

Abitur-Wissen
Lateinische Literaturgeschichte .... Best.-Nr. 94602
Wiederholung Grammatik .... Best.-Nr. 94601
Wortkunde .... Best.-Nr. 94603
Kompakt-Wissen Kurzgrammatik ...... Best.-Nr. 906011

Französisch Interpretationen

Camus: *L'Etranger/Der Fremde* .... Best.-Nr. 2550041
Sartre: *Huis clos/ Geschlossene Gesellschaft* .... Best.-Nr. 2550051

Französisch Training

Landeskunde Frankreich .... Best.-Nr. 94501
Themenwortschatz .... Best.-Nr. 94503
Literatur .... Best.-Nr. 94502
Textarbeit Oberstufe .... Best.-Nr. 94504
Abitur-Wissen Literaturgeschichte ...... Best.-Nr. 94506
Kompakt-Wissen Abitur Themenwortschatz .... Best.-Nr. 945010
Kompakt-Wissen Kurzgrammatik ...... Best.-Nr. 945011
Kompakt-Wissen Grundwortschatz .... Best.-Nr. 905001

Spanisch

Kompakt-Wissen Abitur Themenwortschatz .... Best.-Nr. 945401

Fachübergreifend

Richtig Lernen – Tipps und Lernstrategien für die Oberstufe .... Best.-Nr. 10483
Referate und Facharbeiten für die Oberstufe .... Best.-Nr. 10484
Training Methoden – Meinungen äußern, Ergebnisse präsentieren .... Best.-Nr. 10486

Natürlich führen wir noch mehr Titel für alle Schularten. Wir informieren Sie gerne!

Telefon: 0180 3 179000* **Internet: www.stark-verlag.de**
Telefax: 0180 3 179001* **E-Mail: info@stark-verlag.de**

Bestellungen bitte direkt an: STARK Verlagsgesellschaft mbH & Co. KG
Postfach 1852 · 85318 Freising · Tel: 0180 3 179000 · FAX: 0180 3 179001
Internet: www.stark-verlag.de · E-Mail: info@stark-verlag.de
* 9 Cent pro Min. aus dem deutschen Festnetz

Die echten Hilfen zum Lernen ...
STARK

18-V1P